XV OLYMPISCHE WINTERSPIELE CALGARY MCMLXXXVIII
A L B E R T A - C A N A D A

CALGARY'88
Das offizielle Buch
des Internationalen
Olympischen Komitees.
Realisiert durch IMS/Studio 6,
Lausanne

Produzent: Goran Takac
Art Director: Dragan S. Stefanovic
Koordinatorin Bild: Carla Traccanella
Koordinator Text: Eric Bronstein
Grafik-Assistentin: Barbara Hansen
Statistiken: Ing. Boris Sakac

Deutschsprachige Ausgabe:
Leitung: Paul Meier, Wolfgang Wagmann
Journalistische Mitarbeit: Dr. Elisabeth Kully, Pierre Benoit, Beat Caspar, Felix Endrich, Jan Hiermeyer, Toni Nötzli.

Fotos:
All Sport International: David Yarrow, Gérard Vandystadt, Gray Mortimore, David Leah, David Cannon, Mike Powell, Bob Martin, Steve Powell, Yan Guichaoua; Alain Ernoult, Chris Anderson, Kjelk Langset.

IMS/Studio 6: Carla Traccanella.

© Copyright 1988 by Studio 6, Lausanne, und Habegger Verlag, Derendingen.

Alle Rechte vorbehalten.

ISBN 3 85723 280 3

INHALT

Seite

VORWORT
J.A. SAMARANCH, Präsident des
Internationalen Olympischen Komitees 6

CALGARY – MODERNES OLYMPIA
Jean-Claude KILLY 8

DER STOLZ DER CALGARIAN
Wolfgang WAGMANN 14

OUVERTÜRE NACH MASS
Wolfgang WAGMANN 22

CALGARY – EIN NEUES "SAPPORO"!
Wolfgang WAGMANN 34

SKI ALPIN
Beat CASPAR 50

SKI NORDISCH
Toni NÖTZLI 80

EISKUNSTLAUF
Jan HIERMEYER 122

EISSCHNELLAUF
Sandra STEVENSON 136

BOB
Felix ENDRICH 146

SCHLITTELN
Peter W. BLAKELY 156

EISHOCKEY
Pierre BENOIT 164

DEMONSTRATIONS-SPORTARTEN
Larry WOOD 174

BEHINDERTEN SPORT
Wendy BRYDEN 182

SCHLUSSPUNKT
Wolfgang WAGMANN 184

DIE OLYMPISCHEN WINTERSPIELE 1988 IN ZAHLEN
Boris SAKAC 192

RESULTATE 194

Juan Antonio Samaranch
Präsident des Internationalen Olympischen
Komitees (IOK)

Im Namen des Internationalen Olympischen Komitees und im Auftrag der gesamten Olympischen Familie möchte ich Kanada, der Provinz Alberta, dem Bürgermeister und den Behörden der Stadt Calgary sowie dem Organisationskomitee, OCO 88, meine tiefempfundene Dankbarkeit aussprechen. Trotz des inzwischen weltweit berüchtigten "Chinook" ist es ihnen gelungen, die bislang beste Organisation der Olympischen Winterspiele in die Tat umzusetzen.

Dank gebührt den 56 Nationalen Olympischen Komitees und den Internationalen Skiverbänden für ihre Mitarbeit, aber ganz besonders natürlich den besten Athleten aus der ganzen Welt, welche mit Stolz und in sportlicher Freundschaft gegeneinander gekämpft haben. Wir danken auch den Vertretern der Massenmedien und den Tausenden von Zuschauern, welche diese Spiele im Geiste der für die olympische Bewegung so wichtigen Idee der Völkerverständigung mitgetragen haben. Herzlichen Dank auch den Tausenden von freiwilligen Helfern für ihren Einsatz und ihr beispielhaftes Engagement.

Erlauben Sie mir zum Schluss, allen "Calgarians" zu sagen, wie sehr wir von ihrem echten, spontanen Enthusiasmus beeindruckt waren – er war für die ganze Welt eine Demonstration wirklichen olympischen Geistes. Vom ersten herzlichen "Howdy" bis zu diesem letzten Abschiedsgruss haben sie uns vorgelebt, was man hier unter "Western Style" und westlicher Gastfreundschaft versteht.

Die XV Olympischen Winterspiele von Calgary gehören der Vergangenheit an – gemäss unserer Tradition ergeht hiermit mein Aufruf an die Jugend der ganzen Welt: Lasst uns in vier Jahren wieder zusammenkommen, 1992 in Albertville, in Savoyen zu den XVI Olympischen Winterspielen !

Möge dieses Buch die 16 unvergesslichen Tage von Sport, Frieden und Freundschaft als unauslöschliche Erinnerung auf dem Papier festhalten.

Juan Antonio Samaranch,
Präsident des Internationalen
Olympischen Komitees.

Jean-Claude Killy
Dreifacher Goldmedaillen-Gewinner in den
alpinen Disziplinen an den Olympischen
Winterspielen 1968 in Grenoble

CALGARY – MODERNES OLYMPIA

1964 erlebte ich in Innsbruck meine ersten Olympischen Winterspiele. 24 Jahre darauf in Calgary stellte ich viele Parallelen zu den Spielen von damals fest: Immer noch rasen die Alpinen im Kampf gegen Sekundenbruchteile die Pisten hinunter. Die Langläufer mögen wohl ihre Technik weiter entwickelt haben, aber an ihrem Sport hat sich nicht viel geändert: Rauf und runter! Eisschnelläufer, Eiskunstläufer, Skispringer, Biathleten, alle – Männer und Frauen – wollen ihr Bestes geben.

Wie damals suchen die Athletinnen und Athleten ihre Leistungsgrenzen. Sie setzen neue Ziele, unbesehen davon, was sie erreichen können, einen Platz auf dem Siegerpodest oder eine Klassierung unter "ferner liefen...". Mich hat in diesem Zusammenhang die Haltung der Abfahrts-Olympiasiegerin Marina Kiehl besonders beeindruckt: Erst wenn auch die letzte Argentinierin das Ziel erreicht habe, werde sie über ihren eigenen Erfolg sprechen. Zweifellos ein Zeichen von Respekt gegenüber den Konkurrentinnen. Das ist doch der Sinn Olympischer Spiele: Man achtet sich gegenseitig.

Neu, jedenfalls unvergleichbar mit 1968, sind die Dimensionen der heutigen Olympischen Winterspiele. Aber nicht die teilnehmenden Nationen – 56 in Calgary – machen die Grösse aus, sondern jene, die organisieren, beurteilen und verwalten: Journalisten, Radioleute, TV-Teams, die Fahrer, welche die Pendelbusse über die grossen Distanzen steuern, jene "guten Geister", die rund um die Uhr hungrige Seelen mit warmen Mahlzeiten versorgen, Zuschauer an den Austragungsorten oder am Bildschirm. Olympia setzt Massen in Bewegung.

Die Sportler werden den Sport nie vernichten. Die aber, die ihn kontrollieren: Wenn Grösse und Geld primärc Bedeutung erhalten und sportliche Prioritäten sekundär werden. Auch Drogen sind für den Sport eine Gefahr, der Gebrauch von Doping muss ausgemerzt werden. Mit aller Entschlossenheit.

Immer war ich in Calgary von den Calgarians überzeugt. Überall konnte man Freundlichkeit und Hingabe zu den Spielen spüren. Wer Olympische Spiele organisiert, muss von Anfang an gute Arbeit leisten. Eine zweite Chance hat er nicht. Calgary hat seine Sache gut gemacht.

Calgary wird in verschiedener Hinsicht für Albertville 1992 wegweisend sein.

CITIUS, ALTIUS, FORTIUS

Dieser Wahlspruch aus der Welt des Sports sollte auch für uns eine Herausforderung sein, als wir die Vorarbeiten für dieses Werk in Angriff nahmen. Für "Calgary '88" – das Offizielle Buch des Internationalen Olympischen Komitees über die XV. Winterspiele – durfte nur das Beste gut genug sein: die erfahrensten Sportfotografen, international ausgewiesene Kommentatoren, Experten aus jeder Sportart, ein anspruchsvolles Design und eine qualitativ einwandfreie drucktechnische Herstellung.

Dieses Werk wurde in fünf verschiedenen Sprachen realisiert. An der speziellen Ausgabe für die deutschsprachige Schweiz haben führende Schweizer Sportjournalisten mitgearbeitet. Ihnen allen danken wir herzlich für die Unterstützung.

IMS/Studio 6

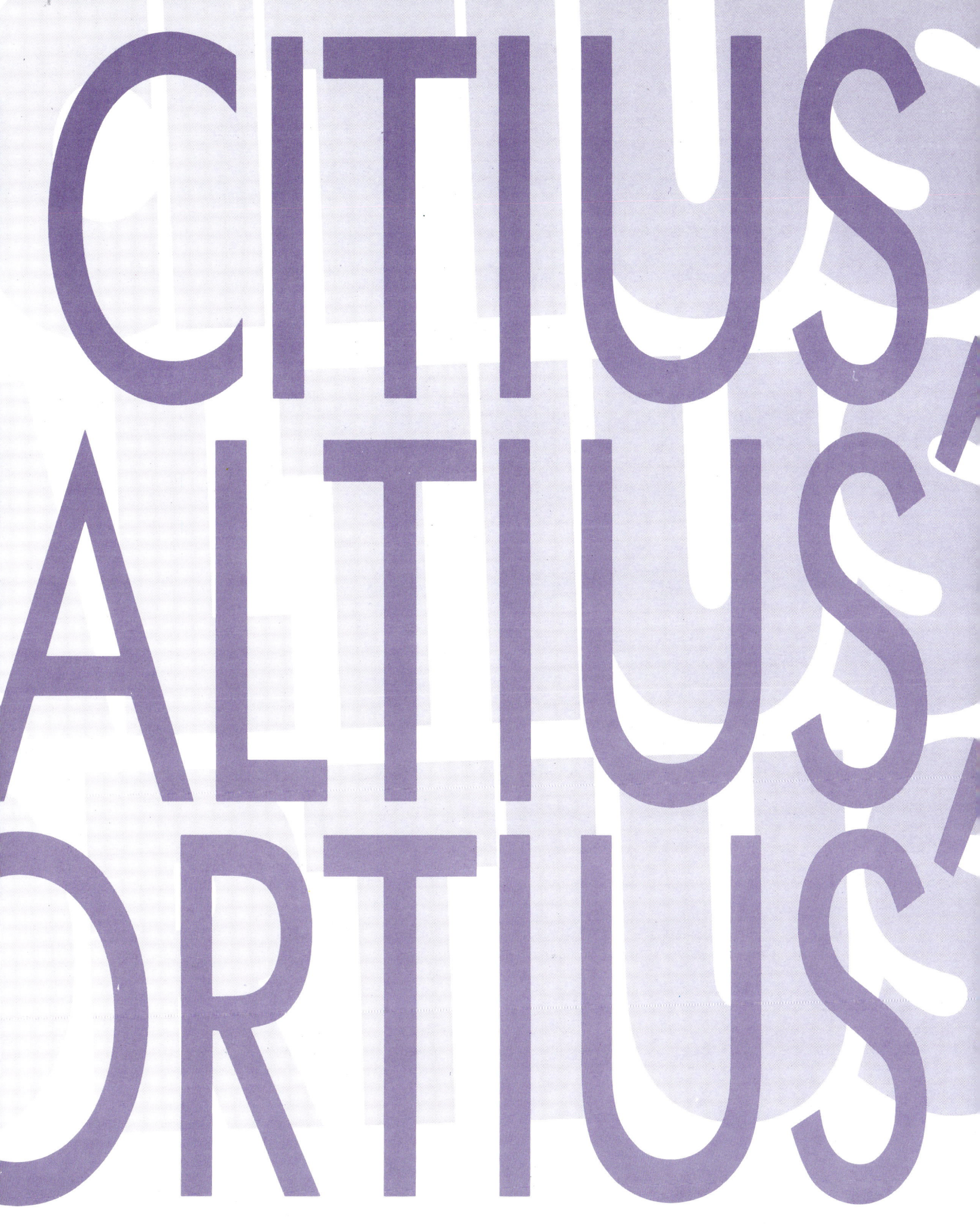

DER CA

Von Wolfgang WAGMANN

"Wooooooow!" vielstimmig schallt es über den Olympic Plaza", dem Herzstück dieser 15th Olympic Winter Games; dem Schmelztopf olympischer Begeisterung für Tausende von Calgarians, – Abend für Abend. Bereits um halb sechs stehen sie da, rote Lämpchen in den Händen, die Kleinkinder vor der Brust oder am Rücken, ob nun ein bissiger Northern die Zähne klappern lässt oder ein warmer Chinook in den unzähligen Olympia-Fahnen herumknattert. Es wird sieben werden, ehe die Stars ihre Medaillen erhalten, es geht schon gegen acht, ehe das allabendliche, gigantische Feuerwerk zwischen den Wolkenkratzern der Downtown explodiert. Immerhin: Um halb sieben fachen drei professionelle "Aufheizer" die Stimmung an, das "Woooow!" wird bis zur Ekstase eingedrillt. Auf einer 16 Stockwerk hohen Leinwand gibt's immer etwas fürs Auge; ein Multimedia-Künstler hält mit seiner Laser-Show die Massen in Bann...

DER STOLZ
ALGARIAN

Juan Antonio Samaranch soll das allabendliche Spektakel nicht gerade innig lieben, verrät ein IOK-Funktionär.

Doch der IOK-Präsident aus Spanien weiss zu gut, was die Olympics auch sein müssen: Spiele für das Volk. Denn ausser dieser Celebration-Show kostet alles Geld: Die raren Tickets für die meistinteressierenden Wettkämpfe waren für den Normalsterblichen ohnehin fast unerschwinglich. So galt ein Ticket für ein Vorrunden-Eishockeyspiel immerhin satte 45 Bucks – der kanadische Dollar zu einem Fr. 1,05.– gerechnet. Damit kann sich der Calgarian immerhin fast acht Kilo Sirloin-Steaks oder 47 Dutzend Eier kaufen, – für diese 45 Dollar erhält er aber auch 130 Liter Benzin...

Dennoch – einmal Olympia sehen und dann davon träumen – die Calgarians investierten nach dem Motto "Enjoy yourself!" in mindestens ein Ticket. Staunend säumten sie den Schlittler-Run im Olympic-Park zu Zehntausenden; mehr als 50000 harrten jeweils stundenlang unter dem Schanzentisch aus – manchmal ohne einen Springer zu erhaschen.

Calgary, diese seltsame Anhäufung zwischen Wolkenkratzern und Bretterbuden auf einer horizontumspannenden Rinderweide entdeckte 16 Tage lang sein Herz für den Wintersport. Eishockey, natürlich; Curling ja, – aber dann?

Bereits der alpine Skisport nimmt in diesem Land der Cowboys und Ölbohrer eine Aussenseiterrolle ein, exotisch wird's bei Langlauf, Schlitteln oder Biathlon.

"Calgary welcomes the world!" Für die 650000-Seelen-Stadt in der Provinz Alberta kein leeres Schlagwort. Eine rauhe Herzlichkeit, eine spontane Hilfsbereitschaft quillt auf, wo der Fremde hintappt. Der Polizist entschuldigt sich für die Parkbusse (nimmt sie aber nicht zurück); der Automobilist, den der kartenlesende Swiss man soeben ausgebremst hat, steigt aus, fragt spontan: "Can I help you?".

Sie waren stolz auf diese Olympic Games, alle Calgarians. Und hätte da nicht ein gewisser Ureinwohner namens Mister Chinook seinen Unfug getrieben – man müsste Calgary das Prädikat "perfectly" verleihen. Doch der Wind liess sich nicht kaufen – obschon Frank King, der Chairman der Spiele, wohl auch noch für diesen Burschen einen Sponsor aufgetrieben hätte...

"Welcome the world!" Nach diesem Grundsatz begrüssten die Calgarians sämtliche Besucher der Spiele mit viel Herzlichkeit – aber auch mit aufwendigem Feuerwerkszauber.

Jeden Abend Spektakel in der Downtown, – das Feuerwerk war gratis, der Kampf um Tickets nicht notwendig und somit für alle ein Erlebnis.

Ein Hauch von Schwerelosigkeit über den Dächern von Calgary – Skispringen als ästhetische Ausdrucksform.

Von Wolfgang WAGMANN

"Five, four, three, two, ooone!" Im MacMahon-Stadion von Calgary zeigten die Uhren genau 13.00 Uhr. 62000 Calgarians jubelten wie aus einer Kehle, als der Speaker endlich den langen Olympia-Countdown beendet hatte.

An sich war dieser 13. Februar 1988 kein freundlicher Tag. Ein bissig kalter Northern trieb einzelne Schneeflocken über die beinahe schon wieder apere Hochebene vor den Rocky Mountains – doch was kümmerte es das farbenfrohe Spektakel! Den Winter konnte man im Stadion auch mit weissem Sand vortäuschen, und ansonsten stimmte die Kulisse perfekt: Jeder Zuschauer war mit einer bestimmten Farbe eingekleidet und derart plaziert, dass

OUVERTURE NACH MASS

auf den Tribünen die Olympischen Ringe sowie das Signet von Calgary in alle Welt hinausleuchteten.

Frank King, Chairman dieser XV Olympic Winter Games, durfte seine prominenten Gäste mit einer wirklich tollen Show verwöhnen. Bundesrat Adolf Ogi gehörte ebenso dazu wie Kanadas Premierminister Brian Mulroney, wie Princess Anne, wie aber auch Juan Antonio Samaranch, als IOK-Präsident der eigentliche Schirmherr der bevorstehenden Spiele.

Cowgirls und -Boys, Indianer und natürlich die legendären "Rotröcke" der Canadian Mountain Police zeigten Kabinettstücklein hoch zu Ross, ein Stampede sorgte für Rodeostimmung im Stadionoval und Folkloretänzer(innen) überbrachten Grüsse aus jeder Ecke der Erde. Der Einmarsch der Nationen gestaltete sich wiederum zu einem Mode-Defilée grösster Farbenpracht, exotische, "wintersportfremde" Länder wie Guatemala, Jamaica oder Marokko setzten besondere Farbtupfer. Viel Prominenz auch unter den Fahnenträgern: Olympiasieger(innen) stellten die Schweiz mit Michela Figini, die BRD mit Peter Angerer, Oesterreich mit Leonhard Stock, Liechtenstein brachte es mit Andy Wenzel auch auf einen Medaillengewinner.

Genau um 14.10 Uhr erklärte schliesslich IOK-Präsident Samaranch diese 15. Olympischen Winterspiele als eröffnet. Der Jubel wuchs nun ins Unermessliche, denn mit Ken Read und der Eisschnellläuferin Cathy Priestner erreichte endlich die "Torch", die Fackel des Olympiafeuers, nach einer schier endlosen Reise von Olympia her das MacMahon-Stadion. Die letzten Stufen erklomm aber als allerletzte Fackelträgerin die kleine Robyn Perry – das Olympische Feuer leuchtete über Calgary 16 Tage lang als Symbol des friedlichen Wettkampfes von 1700 Athleten aus 56 Ländern dieser Erde.

"Whow, what a show!" titelte eine kanadische Zeitung anderntags – die "Show" hielt Milliarden von Menschen noch zwei Wochen lang in ihrem Bann.

Das Olympische Feuer brennt: Die Welt wird 16 Tage lang nach Calgary schauen, wo sich die Besten des Wintersports im friedlichen Wettkampf messen.

"Go Canada go!" Nicht nur die einheimischen Sportler wurden beim Einmarsch der Nationalen mit warmem Applaus empfangen.

...U

BEG

CALGARY – EIN NEUES "SAPPORO"!

Von Wolfgang WAGMANN

"Sapporo" galt bisher für Schweizer Begriffe als das Mass aller Dinge: "Calgary" wird es in Zukunft sein: Mit je fünf Medaillen in Gold, Silber und Bronze schloss die Schweiz die XV. Olympischen Winterspiele so erfolgreich ab, wie nie zuvor in der Geschichte.

74 Athleten – ein grosses schlagkräftiges Schweizer Team. Dazu noch die Vertreter der Demonstrations-Sportarten Curling, Freestyle, Behindertensport – mit den Funktionären hatte Missionschef Michel Rouiller fast gegen 200 Personen unter seinen Fittichen. Doch die Zeiten sind vorbei, als noch ein kompaktes Team schön überschaubar im Olympischen Dorf untergebracht war. Calgary erforderte Dispositionen ganz besonderer Art, lagen doch die Wettkampforte mehr als 120 Kilometer auseinander.

Jeder Sportverband sah sich deshalb gezwungen, zusätzliche Anstrengungen zu unternehmen, um ein optimales Umfeld für die Athleten zu gewährleisten. Besondere Verdienste kamen dabei Klaus D. Zahnd, dem in Calgary lebenden olympischen Attaché, zu. Er sorgte beispielsweise dafür, dass die Schweizer Alpinen im neu erstellten "Kananskis village" eine traumhafte Oase in unmittelbarer Nähe des Skiberges Mount Allen vorfanden. Auch die Langlauf-Delegation war "vor Ort", in Canmore untergebracht. Zusätzlich hatten die Alpinen in Lake Loise für zusätzliche Trainingsgelegenheiten gesorgt. So verblieb im Olympischen Dorf nur noch ein "Rumpfteam" von Eishockeyern, Eiskunstläufern, Kombinierern, Bobfahrern und Skispringern. Auch die Anreise erfolgte individuell; bereits bei der Eröffnungsfeier fehlten so die Abfahrer wegen des gleichentags anberaumten Trainings, andere, wie beispielsweise das Slalom-As Corinne Schmidhauser, flogen gar erst später nach Calgary.

Dass diese Verzettelung dem "Korpsgeist" nicht schaden muss, bewies jedoch die Schweizer Mannschaft in eindrücklicher Manier. Mögen sich auch im einen oder andern Fall die hochgespannten Hoffnungen nicht ganz erfüllt haben – eigentliche Ausfälle waren kaum zu orten.

Vor allem hatte "Switzerland" in Calgary einen starken Auftritt, weil ausgerechnet in den hierzulande beliebtesten Wintersportarten, dem Eishockey und im Curling die Schweizer Vertreter über sich hinauswuchsen. Die Eishockeyaner verpassten nach dem 2:1-Sensationssieg über Finnland und zwei weiteren Erfolgen (9:0 über Frankreich und 4:1 über Polen) nur um einen Punkt die Finalrunde. Der achte Schlussrang stellt deshalb für unsere Puckjäger eine wertvolle Option für die weitere (internationale) Zukunft dar.

Schlagzeilen machten auch die Curler des CC Solothurn: Die Mannen um Skip Hans Jürg Lips schlugen in der Vorrunde Kanada – eine Riesensensation! – und stiessen direkt in den Final vor. Dort mussten sich die Schweizer zwar den Norwegern klar beugen, doch wer hätte schon mit Silber für die mit wenig Vorschusslorbeeren bedachten Solothurner gerechnet?

Ständig aber auch in den "Headlines" der kanadischen Medien anzutreffen waren unsere Skistars Pirmin Zurbriggen und Maria Walliser, deren Bekanntheitsgrad in Calgary verblüffend hoch war (der alpine Skisport rangiert in Kanada erst auf vierter oder fünfter Popularitätsstufe...)! So applaudierte die gesamte Zuschauermenge am Slalomhang, obwohl Pirmin Zurbriggen mit einem Einfädler das Olympiagold in der Kombination verscherzt hatte...

Begonnen hatte das Olympische Abenteuer für unsere Alpinen mit einem Paukenschlag: Das "Duell auf höchster Stufe", zwischen dem Weltmeister und dem Vizeweltmeister in der Herrenabfahrt, endete mit dem Triumph des in Crans-Montana Geschlagenen: Pirmin Zurbriggen. Damit schien der Gold-Express des SSV-Alpin-Teams wieder anzurollen wie im Jahr zuvor. Doch – so hatten schon viele Fachleute in Crans-Montana gewarnt – eine solch krasse Überlegenheit wird die Schweizer Mannschaft nie mehr ausspielen können.

Zwar schienen die Vorzeichen wieder günstig; ausser der sechsfachen Weltmeisterin Erika Hess stand die gesamte Erfolgsequipe von Crans-Montana wieder im Starthäuschen. Und alle hatten sie grosso modo die Resultate des Vorjahres im bisherigen Winter bestätigt.

Aber bereits nachdem der Jubel über das Abfahrtsresultat etwas verebbt war, folgten die ersten Dämpfer. Und zwar ausgerechnet in der Kombination, wo Gold geradezu "programmiert" war: Pirmin Zurbriggens und Vreni Schneiders Ausscheiden ebnete Österreich den Weg. Dennoch blieben positive Schweizer Meldungen nicht aus: Die überraschende Bronzemedaille des jungen Paul Accola nach dem Sieg im Kombinationsslalom ist ein Versprechen für die Zukunft; auch Maria Walliser strampelte sich mit Kombi-Bronze aus einem Tal der Verunsicherung heraus; und Brigitte Oertli, die scheinbar ewig Erfolglose, liess sich nach Abfahrtssilber auch dieselbe Auszeichnung in der Kombination umhängen.

Doch gab's auch lange Gesichter: Im Super-G der Männer, einmal mehr ein windiges Abenteuer, blieb Kronfavorit Pirmin Zurbriggen klar geschlagen; bei den Damen, – ohne Wind – konnte wenigstens Michela Figini ihrer umfangreichen Medaillensammlung (einmal Olympia-Gold, einmal WM-Gold und zweimal WM-Silber) eine weitere Silbermedaille hinzufügen. Aber eben, Crans-Montana hatte uns ein bisschen zu sehr verwöhnt. Zur Erinnerung: 1987 besass die Schweiz nach sechs Alpin-Disziplinen fünf (!) Goldmedaillen. Aber noch waren ja vier Rennen zu fahren...

Vreni Schneider, der Pechvogel des Kombi-Slaloms, brach schliesslich den Bann! Mit einem zweiten Superlauf gewann sie souverän den Riesenslalom. Und siehe da: Auch Maria Walliser besann sich auf ihre kämpferischen Qualitäten und doppelte mit Bronze nach.

Vreni Schneider, der Antistar, erklomm schiesslich doch die höchsten Olympischen Sphären: Ihr sensationeller Slalomsieg, mit 1,61 Sekunden Vorsprung auf Mateja Svet, reihte sie unter Namen wie Hanni Wenzel, Rosi Mittermeier und Marie-Theres Nadig. Auch Pirmin Zurbriggen feierte seinen sehnlichst herbeigewünschten Nachdoppler: Im Riesenslalom folgte dem Abfahrtsgold

Geschafft: Vreni Schneider ist Riesenslalom-Olympiasiegerin!

Ritual vor dem Kampf:
Das Schweizer Eishockey-Nationalteam.

Gustav Weder und Donat Acklin:
Rang 4 im Zweierbob.

Der schönste Augenblick in seiner Karriere: Pirmin hat olympisches Gold in der Abfahrt!

Fast 200 Personen umfasste die gesamte Schweizer Olympia-Delegation – mit Michela Figini als Fahnenträgerin.

Die Schweizer Supporter hatten in Calgary viel Grund zum Feiern.

Bronze. Und fast wäre ihm als einziger Schweizer, der im Slalomrennen verblieb, noch ein Husarenstück gelungen: Sein siebter Schlussrang bewies einmal mehr eindrücklich, dass Pirmin eben wirklich in allen Disziplinen zu Hause ist.

Andere Ski-Artisten kämpften nicht um Medaillen, sondern um olympische Anerkennung: die Freestyler, gemeinhin auch Skiakrobaten genannt. Und hier in Calgary vor riesigen Zuschauermassen – vertrat einmal mehr Conny Kissling unser Land bestens: Bronze sowohl im Ballett wie auch im Buckelpistenfahren.

Die nordische Bilanz in Calgary fiel für die Schweiz so gut aus wie noch nie an Olympischen Spielen: Nach Josef Haas 1968 in Grenoble schaffte es mit Andy Grünenfelder erstmals wieder ein Schweizer in einem Einzellanglauf, auf den dritten Platz vorzustossen! Nur knapp neben den Medaillen landeten die beiden Staffeln, die ebenso Vierte wurden wie Christina Gilli-Brügger im 20km-Einzellauf der Damen. Zumindest in den Skating-Disziplinen rückte damit die Schweiz in die absolute Weltklasse

"Tenü-Feez" nach überstandener Arbeit.

auf; sie braucht sich keineswegs mehr auf den zweifelhaften Titel "beste mitteleuropäische Nation" zu berufen, wie dies jahrelang der Fall gewesen war...

Die Sensation aber lancierten die nordischen Kombinierer: Bereits in der Staffel lief die Mannschaft in der Besetzung Schaad – Kempf – Glanzmann ein tolles Rennen: holte fast fünf Minuten Rückstand aus dem Springen auf; eroberte Silber in fantastischer Manier. Und es sollte noch besser kommen: Im allerletzten Olympiarennen distanzierte Hippolyt Kempf den nach dem Springen führenden Klaus Sulzenbacher auf den

Wo Pirmin kämpft, sind auch die Fans aus dem Wallis dabei.

"Zaungast" Silvano Meli.

Maria: Mehr erwartet?

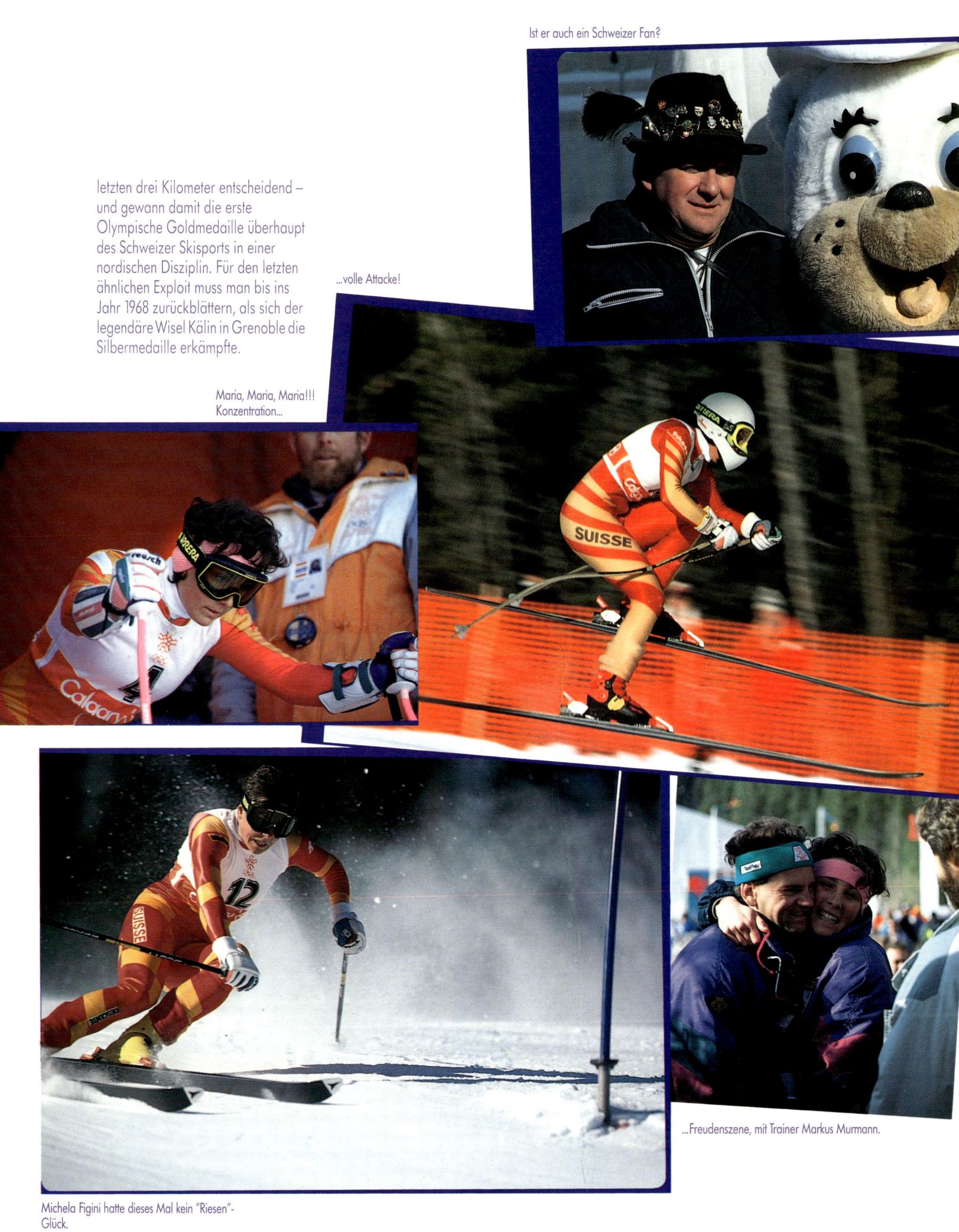

letzten drei Kilometer entscheidend – und gewann damit die erste Olympische Goldmedaille überhaupt des Schweizer Skisports in einer nordischen Disziplin. Für den letzten ähnlichen Exploit muss man bis ins Jahr 1968 zurückblättern, als sich der legendäre Wisel Kälin in Grenoble die Silbermedaille erkämpfte.

Ist er auch ein Schweizer Fan?

...volle Attacke!

Maria, Maria, Maria!!! Konzentration...

...Freudenszene, mit Trainer Markus Murmann.

Michela Figini hatte dieses Mal kein "Riesen"-Glück.

Vreni Schneider: "Jahrhundert-Lauf" im Spezial-Slalom.

Was im Zweierbob mit dem vierten Platz noch Anlass zu Frustration gegeben hatte, war nun ins Gegenteil verkehrt worden: Der Schweizerische Bobverband konnte einmal mehr sein Scherflein zu einer rundum gelungenen Schweizer Olympia-Expedition beisteuern. Eine Gesamtbilanz, die in Albertville 1992 sehr schwer zu übertreffen sein wird – nur Sapporo 1972 war bisher mit Calgary vergleichbar!

Das Schweizer Riesenslalom-Team erlebte schon bessere Zeiten: Hans Pieren.

Joël Gaspoz.

Martin Hangl.

Zu den sichersten Medaillenanwärtern im Olympischen Konzert zählen neben den Skisportlern immer wieder die Schweizer Bobsportler. Der Bobrun im berüchtigten Olympic Park öffnete Meister Zufall Tür und Tor: Wer die früheste Nummer zog, besass das schnellste Eis. Glück und Können brauchte es, Ekkehard Fasser und seine Crew hatten am letzten Tag dieser 15. Olympischen Winterspiele gleich beides: Gold, zum vierten Mal in Calgary!

Pirmin Zurbriggen auf Bronze-Kurs.

Paukenschlag beim Olympia-Start: "Pirmin national" schnappt Peter Müller das Gold weg.

Daniel Mahrer, einer der Besiegten.

Christoph Lehmann: Nervenflattern vor beeindruckender Zuschauerkulisse.

Nur ja den Rückstand im Kombinations-Springen in Grenzen halten! Hippolyt Kempf...

Andreas Schaad.

Fredy Glanzmann.

Im klassischen Stil kamen die Schweizer Herren nicht auf Touren: Jürg Capol.

Andy Grünenfelder.

Giachem Guidon.

Evi Kratzers letzter Titelkampf.

Dafür zeigten sie über 4×10km famose Leistungen: Jeremias Wigger sprintet ins Ziel als Vierter!

Christina Gilli-Brügger war über 20km Skating die Beste "vom Rest der Welt", ausser den sowjetischen Läuferinnen.

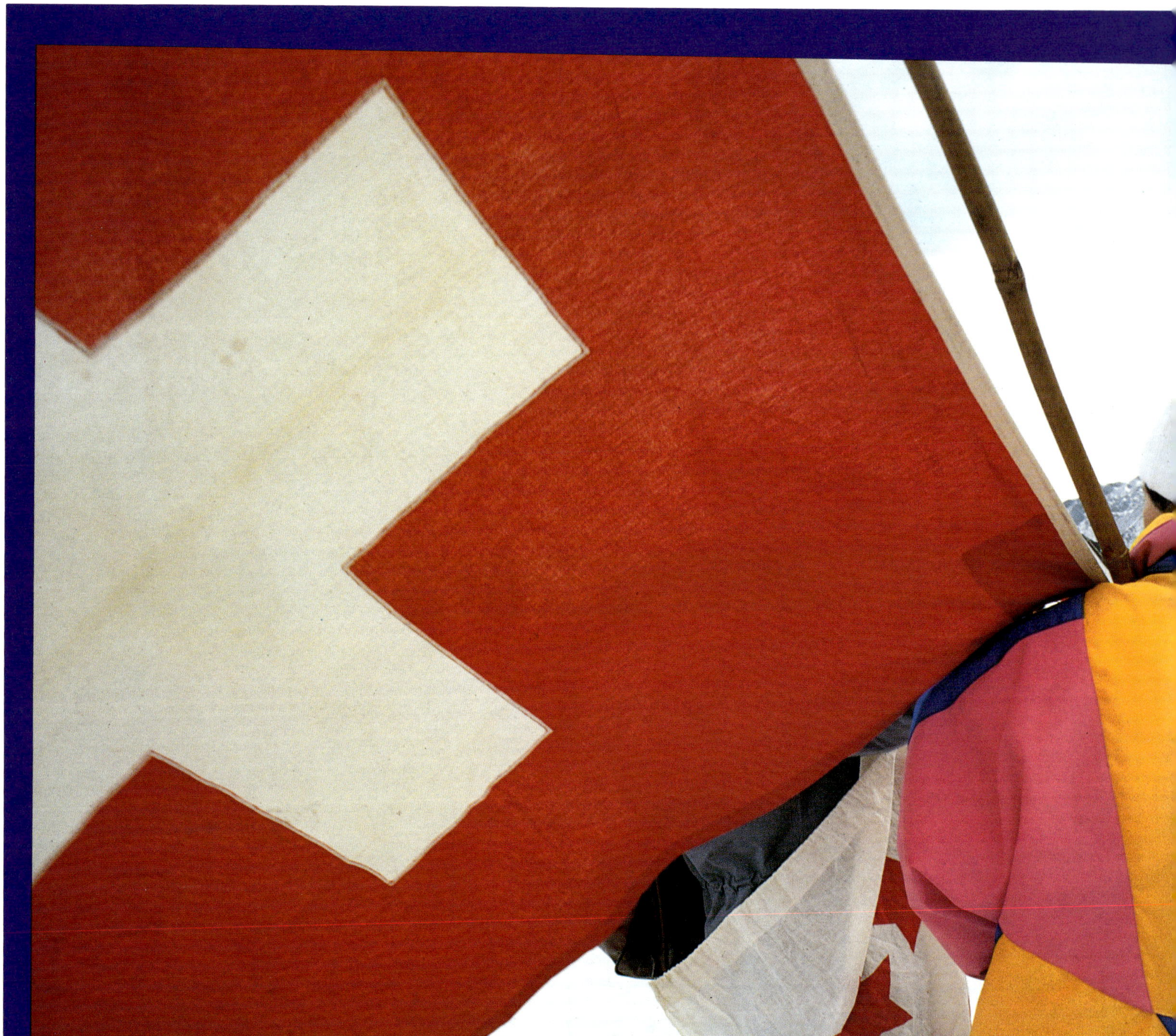

Brigitte Oertli: Zweite Plätze waren dieses Mal Gold wert.

Totale Mobilität dank eigener offizieller Autoflotte.

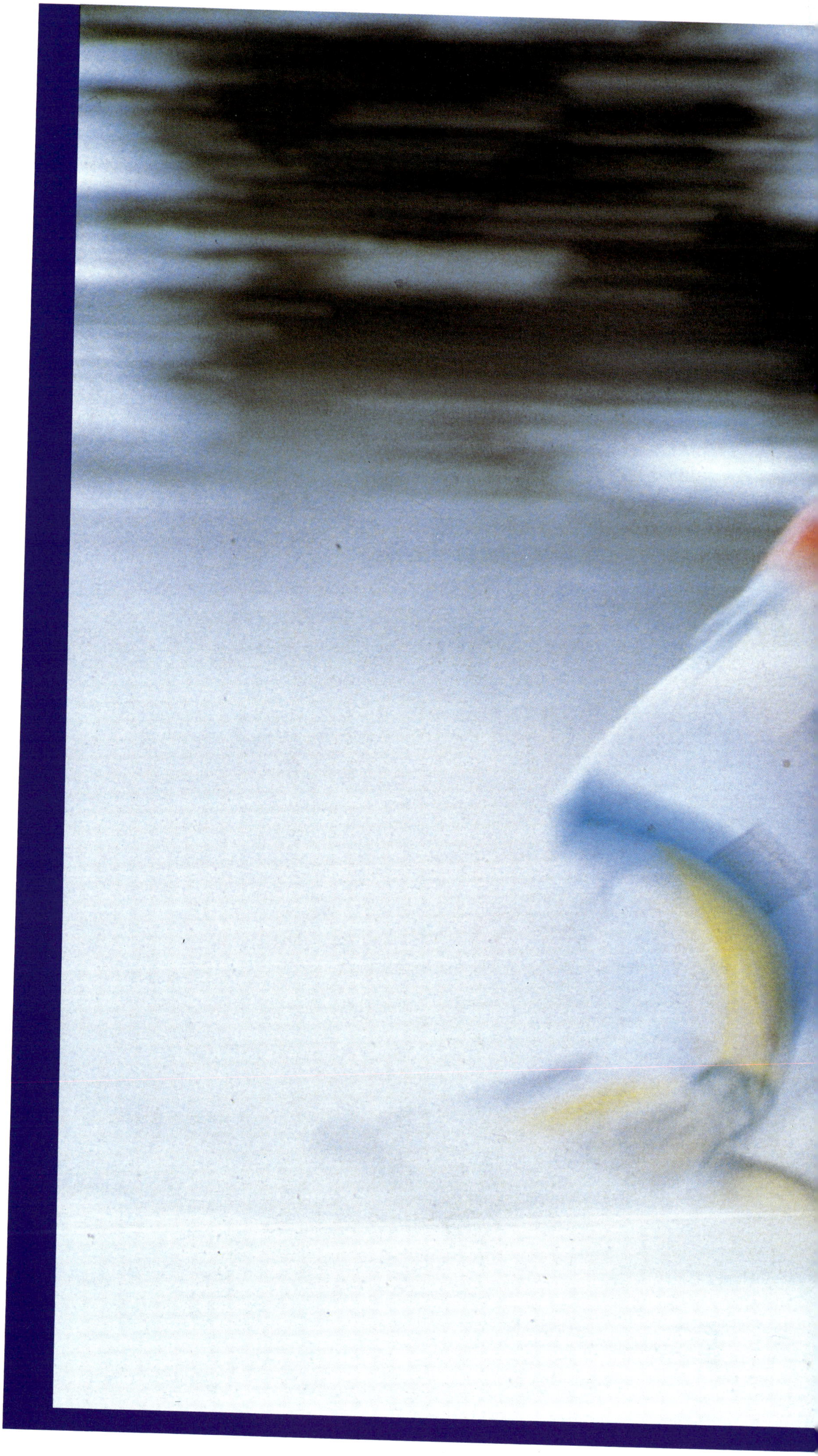

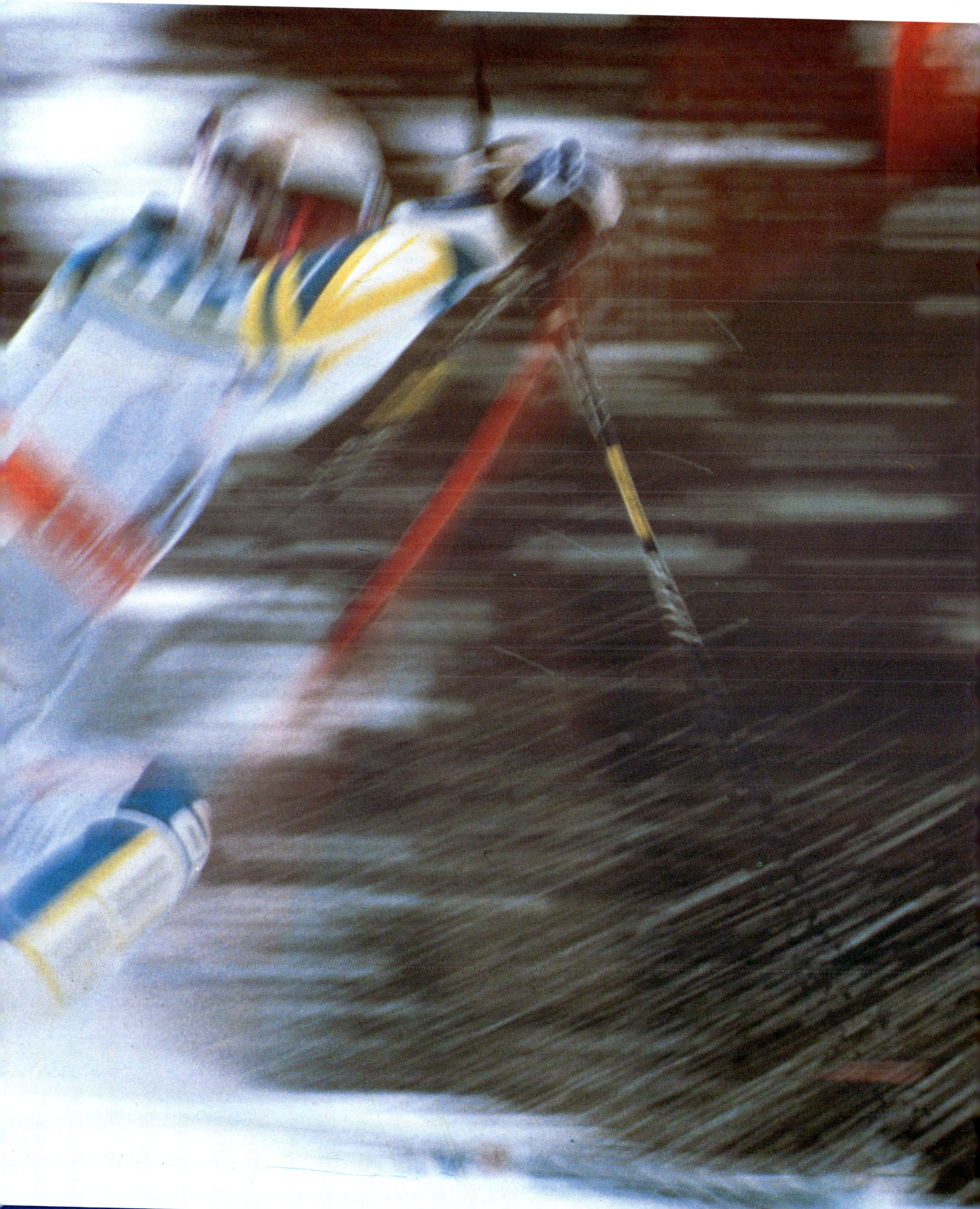

Von Beat CASPAR

VRENI SCHNEIDER, ALBERTO TOMBA UND PIRMIN ZURBRIGGEN

Zehn alpine Wettbewerbe, acht verschiedene Goldmedaillengewinner. In Nakiska avancierten nur die Zweifach-Sieger Vreni Schneider und der Aufsteiger der Saison, Alberto Tomba sowie Pirmin Zurbriggen, der die Königsdisziplin Abfahrt in einem Duell auf einsamer Höhe gegen Teamkollege Peter Müller für sich entschied, zu grossen Figuren dieser XV. Olympischen Winterspiele. Karen Percy mit zweimal Bronze war ein nationales Ereignis. Marina Kiehl, Sigrid Wolf, Anita Wachter, Franck Piccard und Hubert Strolz blieben Sieger ohne viel Farbe. Die Hälfte der Rennen fand bei besonderen, unkontrollierbaren Verhältnissen statt.

TOMBA SUPERSTAR

Alberto Tomba "veni, vidi, vici" – als Superstar ist er nach Calgary gekommen, als Superstar hat er sich benommen, als Superstar ist er gegangen. Die Sensation der Europäischen Saison aus San Lazzaro di Savenna, dem feudalen Vorort von Bologna, schwang sich nach dem wenig verheissungsvollen Start im Super-G, wo er nach nur drei Toren mit einer unfreiwilligen Pirouette ausschied, zum Liebling auf. Seine Sprüche amerikanischen Zuschnitts erhielten realen Hintergrund. Im Riesenslalom beschämte er die Konkurrenz im ersten Durchgang trotz kurzer Strecke mit über einer Sekunde Vorsprung und konnte sich am Nachmittag eine sichere Fahrt zum gefeierten Triumph erlauben. Die schärfsten Rivalen, die im Austria-Team, das im letzten Weltcuprennen vor den Spielen einen Vierfach-Sieg gelandet hatte, geortet wurden, mussten sich mit dem Silber für Kombinationsweltmeister Hubert Strolz begnügen. Für den Schweizer Pirmin Zurbriggen, auf den Tomba nach dessen Exploit in der Abfahrt gewartet hatte, blieb nur Bronze. Im Slalom benötigte der 21jährige Italiener sehr viel Glück zum zweiten Titelgewinn. Der Dritte des ersten Durchgangs war beim spannenden Finale auf zwei Fehler des führenden Frank Wörndl angewiesen. Mit sechs Hundertsteln einer Sekunde Verspätung kreuzte der Deutsche die Ziellinie. "Ich habe eher Gold verloren als Silber gewonnen", sagte der 28jährige Wörndl, der sich wieder als "Mann der grossen Ereignisse" entpuppte, nachdem er schon ein Jahr davor an den Weltmeisterschaften mit dem sensationellen Gewinn des Slalom-Titels aufgewartet hatte. Sieger Tomba teilte Wörndls Meinung, der nach dem ersten Lauf 0,63 Sekunden Reserve hatte. Nach einem Fehler habe er befürchtet, "diesmal wird die Medaille eine andere Farbe haben." Dass er sich um 0,06 Sekunden täuschte, liess das Glücksgefühl nur noch grösser werden.

ABSCHIED VON STENMARK

Während der 30jährige Paul Frommelt mit zwei regelmässigen Fahrten Bronze holte und damit die seit 1976 anhaltende Liechtensteiner Medaillen-Tradition fortsetzte, bot Ingemar Stenmark einen bemerkenswerten Abgang. Der zweifache Olympiasieger von Lake Placid, der in Sarajevo seines Profi-Status' wegen nicht hatte starten dürfen, stellte im zweiten Lauf Bestzeit auf und verbesserte sich vom elften auf den fünften Rang hinter Bernhard Gstrein. "Es ist befriedigend, auf diese Weise auf Wiedersehen zu sagen", freute sich der 32jährige Schwede ganz erleichtert, "ich denke, es ist gut, dass ich mich nicht noch einmal lächerlich gemacht habe wie im Riesenslalom" Da war der erfolgreichste Skirennfahrer aller Zeiten nach über vier Sekunden Rückstand aus dem ersten Lauf im zweiten kurz nach dem Start aus den Toren gefahren.

SCHWEIZER DUELL AUF EINSAMER HÖHE

Alberto Tomba weckte die Emotionen, der Höhepunkt der alpinen Männerrennen jedoch fand ganz am Anfang statt. Die um 24 Stunden verschobene Abfahrt wurde zum faszinierenden Duell zweier Schweizer. Peter Müller hatte mit der ungünstigen Startnummer 1 eine Zeit vorgelegt, die von den folgenden zwölf Konkurrenten nicht annähernd erreicht wurde. Aber da stand Teamkollege Pirmin Zurbriggen noch oben, wusste von der Superfahrt des Weltmeisters 1987, für den dieses eine Rennen wie für ihn auch alles bedeutet hatte. Der 25jährige riskierte alles – und brachte die Uhren 0,51 Sekunden früher zum Stillstand als der 31jährige. Olympia-Gold! Zurbriggen hatte endlich, was ihm noch fehlte. Die Millionen-Dollar-Medaille der alpinen Wettbewerbe gehörte ihm. Auf das grosse Geld verzichtet er im Moment freilich noch. Er setzt die Karriere fort. Nicht zuletzt, weil er die Goldmedaille in der Kombination in aussichtsreichster Position auf fast läppische Weise vergeben hat (die Erben hiessen Hubert Strolz, Bernhard Gstrein und Paul Accola), reizt ihn jetzt der Kampf mit dem neuen Superstar Alberto Tomba.

SKI ALPIN

VRENI SCHNEIDER IN DER FORM DES LEBENS

Ehe Tomba den zweiten grossen Schlag landete, hatte Vreni Schneider schon zweimal Gold gewonnen. Im Riesenslalom rauschte die 23jährige Schweizerin, die schon so oft im zweiten Durchgang alles auf den Kopf gestellt hatte, im Finale mit souveräner Bestzeit vom fünften Platz an allen vorbei nach vorn. Die letzte, die sie hätte gefährden können, die führende Blanca Fernandez-Ochoa, war der Belastung einmal mehr nicht gewachsen und schied aus. Silber und Bronze gingen damit an Christa Kinshofer Güthlein und Maria Walliser.

Der Slalom zwei Tage später, das Rennen der sieben Saisonsiegerinnen, wurde zu Vreni Schneiders grosser Krönung. Nach dem ersten Lauf 0,01 Sekunden vor der vor ihr ausgeschiedenen Camilla Nilsson Erste, bot sie eine schlichtweg perfekte Leistung und riss zu Mateja Svet und Christa Kinshofer -Güthlein ein Loch von über anderthalb Sekunden auf. "Ich habe die Form meines Lebens", freute sich die zweite Schweizer Doppel-Olympiasiegerin nach Marie-Theres Nadig (1972), "als Superstar betrachte ich mich deshalb nicht." Das Glück sei ihr beigestanden, sagte sie bescheiden.

Die gleich günstige Fügung hatte ihr im Kombinationsslalom nach bester Zwischenzeit gefehlt und in ihrer ersten Konkurrenz aus dem möglichen Gold eine grosse Enttäuschung gemacht. Die Kombination der Frauen wurde in einem Herzschlag-Finale zugunsten von Anita Wachter entschieden. Die 21jährige Österreicher Allrounderin rettete den Sieg mit drei Hundertsteln vor Slalomsiegerin Brigitte Oertli und deutlich vor Maria Walliser.

CHINOOK ALS SCHIEDSRICHTER

Die Abfahrt der Frauen litt wie in etwas geringerem Masse auch der Super-G und die Kombinationsabfahrt unter den Einflüssen des unregelmässigen, starken Winds. Marina Kiehl, Brigitte Oertli und Karen Percy waren beim zweiten Anlauf 24 Stunden nach dem ersten (nach einer Fahrerin, Oertli, wurde das Rennen abgesagt) die Glücklichen, die das Training dominierenden Michela Figini und Sigrid Wolf, Anita Wachter, Weltmeisterin Maria Walliser und bei ihrem letzten grossen Auftritt auch Laurie Graham die Enttäuschten. Vier von ihnen fanden später Trost, Wachter in der Kombination, die überragende Super-G-Spezialistin Wolf und Figini mit Gold und Silber im Super-G, Walliser mit ihren zwei Bronzemedaillen.

Wie in den schnellen Rennen der Frauen verteilte der Mount Allan seine Gunst auch im Super-G der Männer arbiträr. Der Wind fegte durchs Klassement und stoppte beispielsweise Topfavorit Zurbriggen zugunsten von Sieger Franck Piccard, Helmut Mayer und Lars-Börje Eriksson, die alle ihr bestes Ergebnis in dieser neuen Olympia-Disziplin erzielten. Insgesamt mehr als eine Woche lang bestätigte der Mt. Allan die schlimmen Befürchtungen und hielt nicht, was von einem Olympia-Berg erwartet wird, der 26 Millionen Dollar Erschliessungskosten verursacht hat. Die umstrittene, für Olympia hergerichtete Skiregion 100 km von Calgary entfernt hielt alle Extreme bereit. Minus 28 Grad wurden in Nakiska zu Beginn des Abfahrtstrainings gemessen, in der zweiten Woche sonnte sich das Publikum bei 15 Grad über dem Gefrierpunkt. Das grosse Problem am östlichen Rand der Rocky Mountains war allerdings nicht die Temperatur, sondern der Wind. Mit den Spielen von Calgary hat der "Chinook" zweifelhafte Weltberühmtheit erlangt. Der warme, vom Pazifik kommende Westwind brauste mit Spitzen von bis zu 160 Kilometern pro Stunde über die Hänge des Mount Allan. Sei's drum. Wenn auf den 100 Hektar aus dem Wald gehauenen Olympia-Pisten nicht tonnenweise Kunstschnee gelegen hätte, wäre an Skirennen nicht einmal zu denken gewesen.

Packender Abfahrts-Zweikampf zweier
Superstars: Pirmin schlägt "Pitsch" um 51
Hundertstels-Sekunden.
Riesenjubel aber auch bei den Franzosen, die
durch Franck Piccard (unten rechts) nach langer
Durststrecke wieder zu einer Medaille kamen.

10
Calgary '88

Calgary '88
BLIZZARD

FISCHER
KÄSTLE
14

BLIZZARD

54

1
Bill Hudson (USA).
2
Felix Belczyk, die grosse Hoffnung des kanadischen Publikums.
3
Luc Alphand (Frankreich).
6
Weltmeister Peter Müller: Eine Superzeit mit Startnummer 1. Dann begannen bange Minuten...

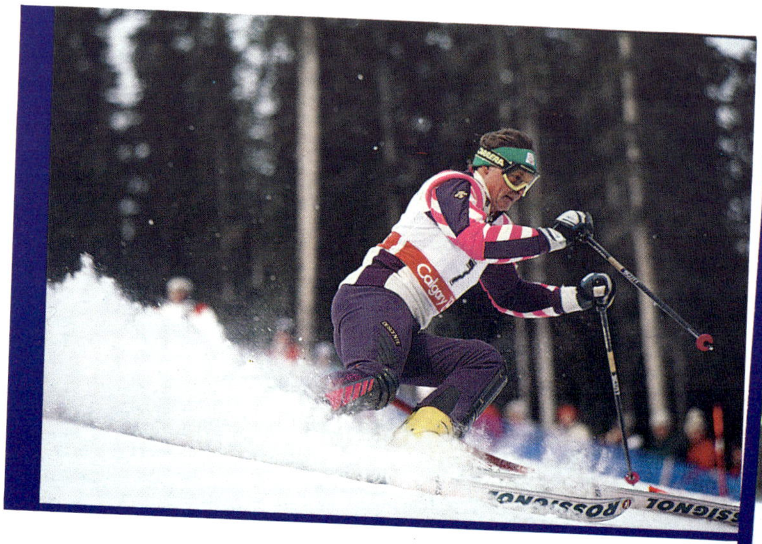
Calgary

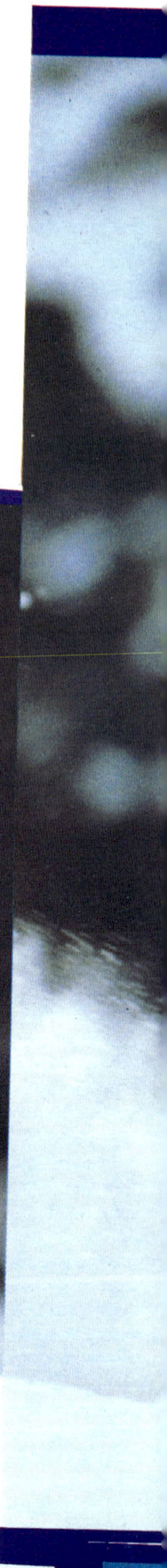

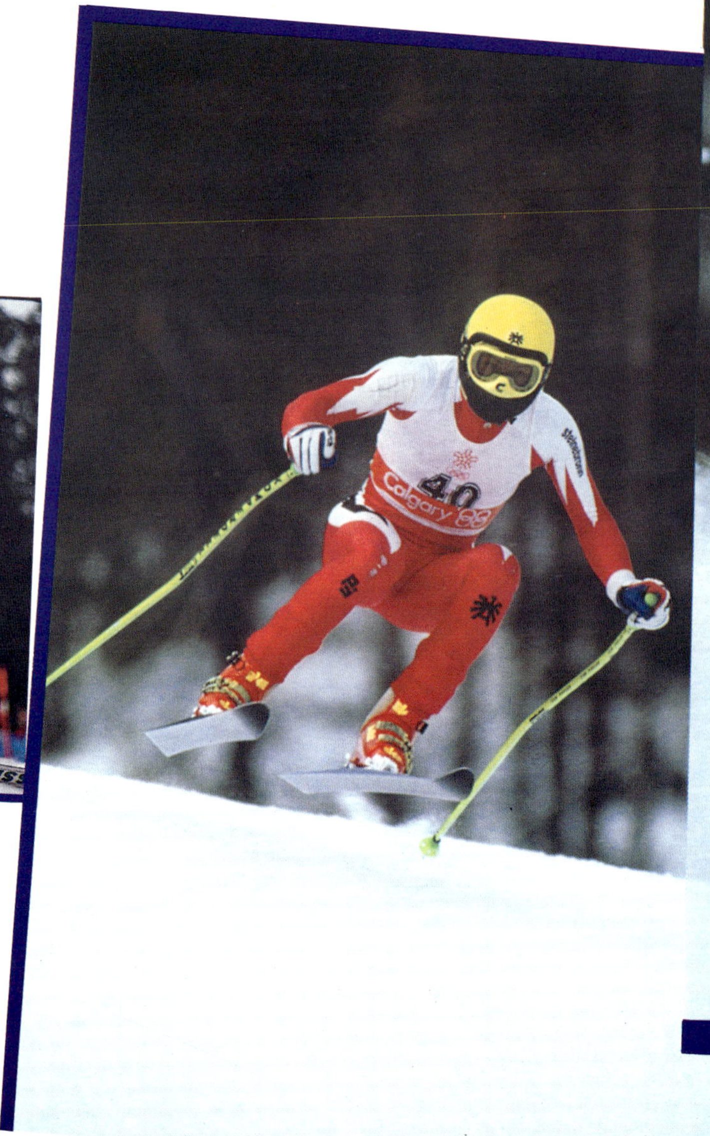
40
Calgary 88

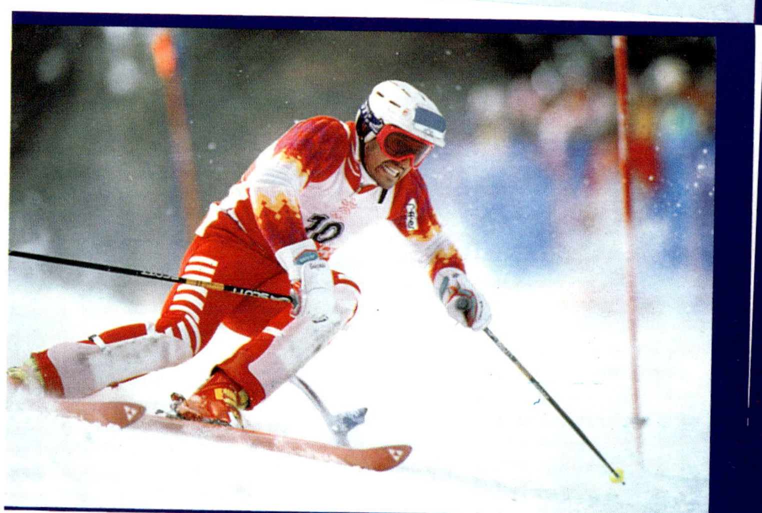

Duell Schweiz-Österreich in der alpinen Männer-Kombination: Pirmin Zurbriggen gewinnt zwar die Abfahrt (rechts unten), doch bleibt nur Paul Accola, der Slalomsieger mit Bronze auf dem Podest (oben) – die Österreicher gewinnen Gold mit Hubert Strolz (rechts oben) und Silber dank Bernhard Gstrein (10).

Mit ihr hatte kaum jemand gerechnet: Die Münchnerin Marina Kiehl (drei Bilder rechts) schlug in der Wind-Abfahrt am Mount Allan die gesamte, höher kotierte Konkurrenz. Nur Brigitte Oertli (links oben) konnte mit der Silbermedaille die Ehre der favorisierten Schweizerinnen retten.

59

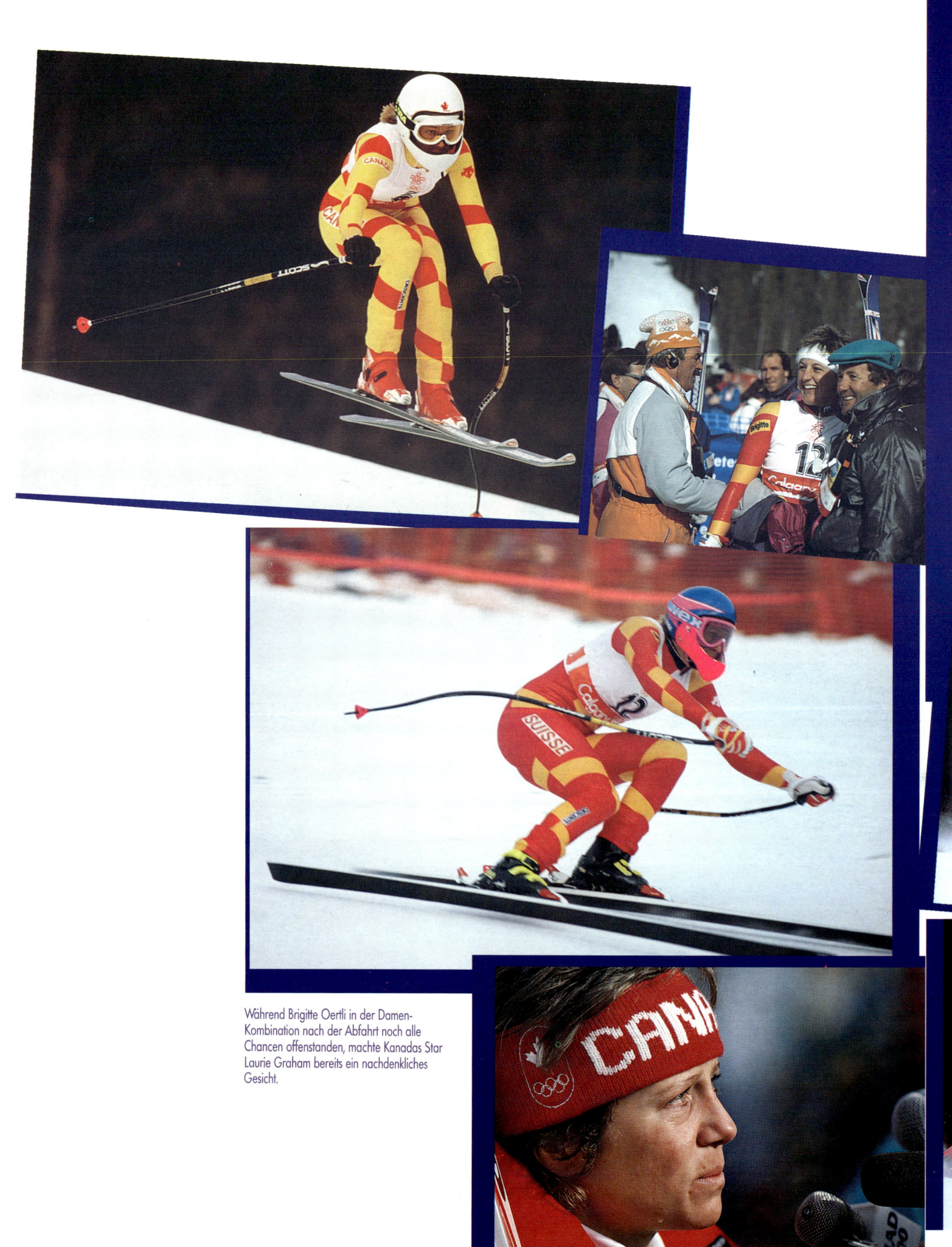

Während Brigitte Oertli in der Damen-Kombination nach der Abfahrt noch alle Chancen offenstanden, machte Kanadas Star Laurie Graham bereits ein nachdenkliches Gesicht.

Slalomstudie der drei Kombinations-Medaillengewinnerinnen: Anita Wachter (Gold, oben links), Brigitte Oertli (rechts, Silber) und Maria Walliser (Bronze, unten links).

Stilstudie der Kombi-Abfahrt der Damen (von links): Percy (Kanada), Stangassinger (BRD), Mc Kendry (Kanada).

Stilstudie II (von links): Wachter (Oesterreich), nochmals Mc Kendry (Kanada), Birkner (Argentinien) und Walliser (Schweiz).

Der Super-G-Sieger: Franck Piccard (links oben), Zweiter war Hubert Strolz (unten); nur 22. wurde Kanadas Rob Boyd (grosses Bild).

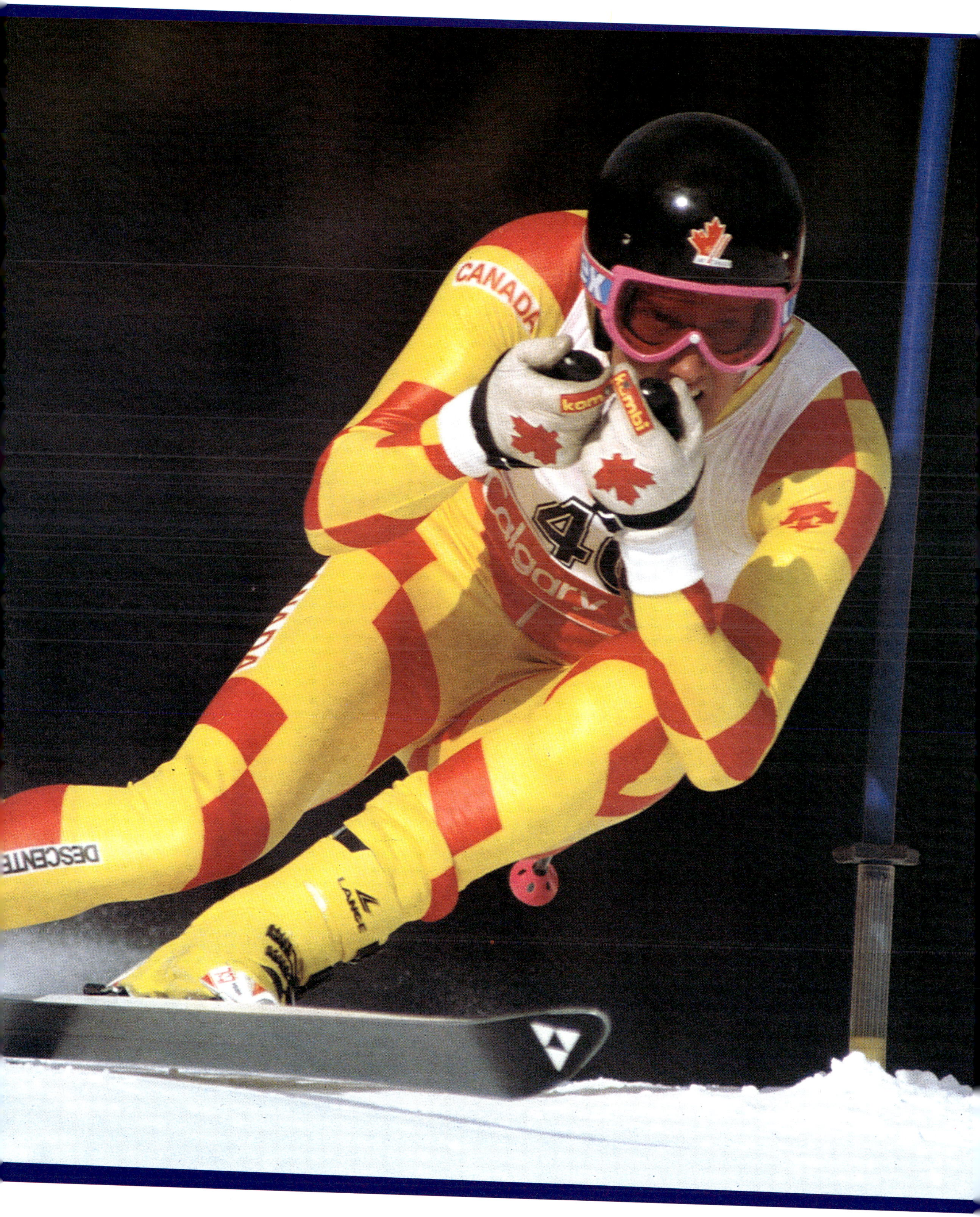
CANADA
kombi
Calgary
DESCENTE
LANGE

Der Sturmlauf von Franck Piccard auf die
Goldmedaille im Super-G löste auch bei seinen
weiblichen Fans eitel Bewunderung aus.

Grosskampfstimmung im Super-G der Damen: Karen Percy (15) jubelt über ihre zweite Bronzemedaille; bei Sigrid Wolf (12) sollte es gar Gold werden; während die Amerikanerin Edith Thys (7) mit dem neunten Platz vorlieb nehmen musste. Und gar nichts mit dem Ausgang dieses Rennens hatte die Argentinierin Astrid Steverliynck (47) zu tun.

Stimmungsbilder vom Super-G der Damen: Eine gut gelaunte Zuschauermenge erwartet im Zielraum Marina Kiehl (13) und die Rumänin Michaela Fera (41).

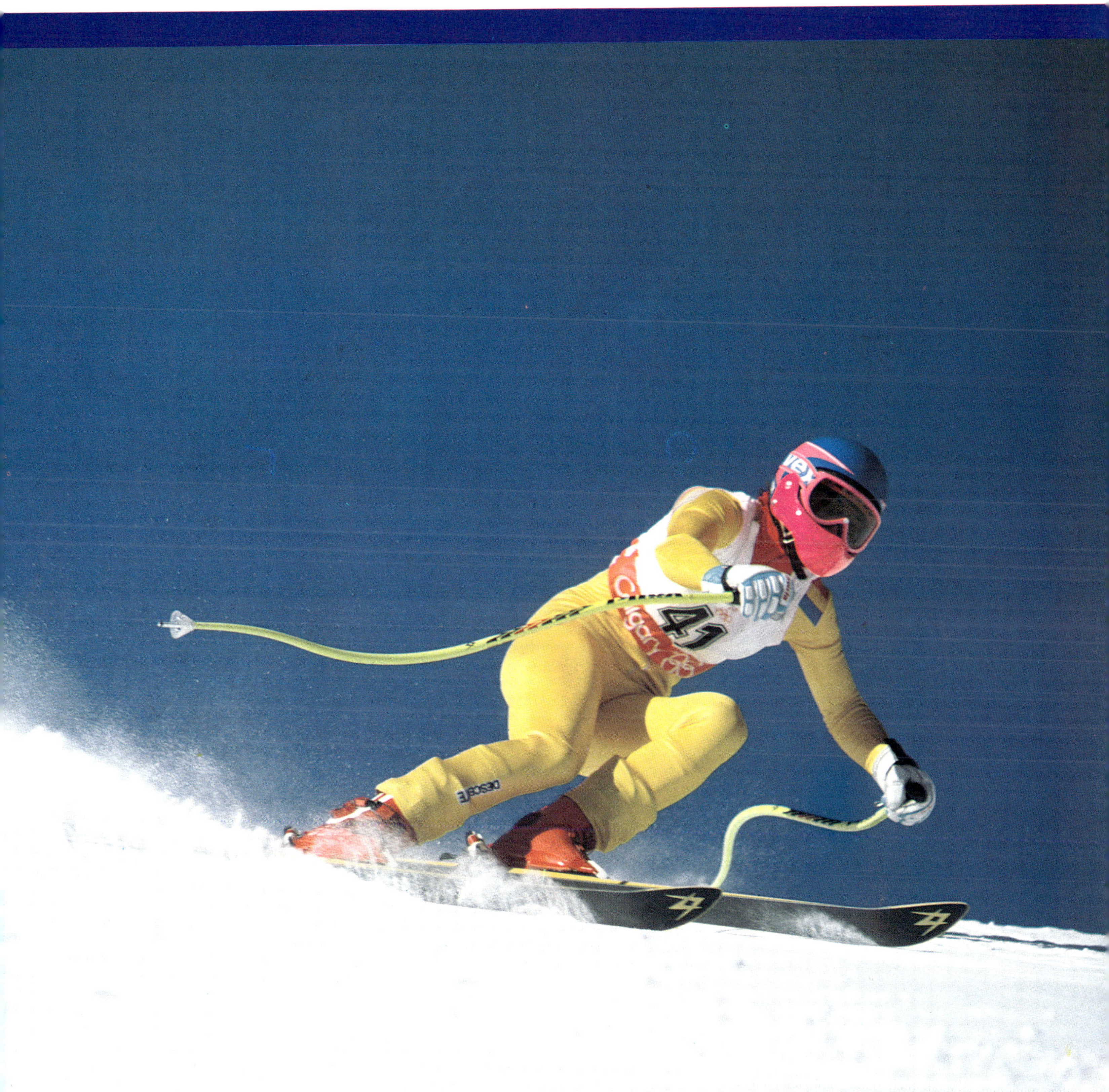
41

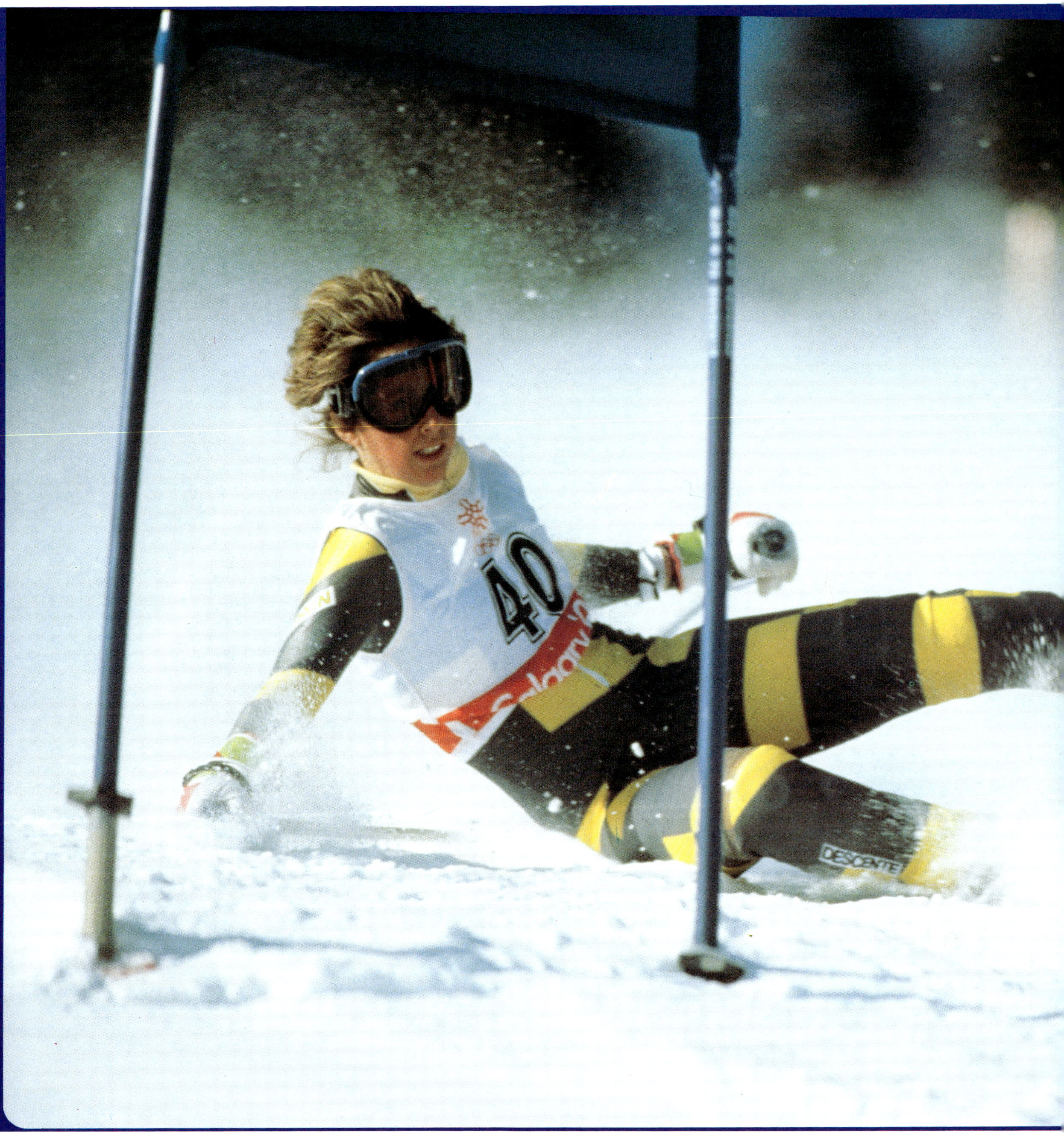
40
DESCENTE

"Alles – oder nichts!". Für manche Olympia-Fahrerinnen endeten die Hoffnungen auf ein Topresultat vorzeitig auf dem Hosenboden...

Christa Kinshofer-Güthlein hatte am Mount Allan allen Grund zum Strahlen: Silber im Riesenslalom, Bronze im Spezial-Slalom! Vor fünf Jahren war sie aus dem DSV-Team verbannt worden, mangels guter Leistungen.

Auf in den Kampf, Tomba, Tomba! Seinen Gegnern blieben im Riesenslalom einmal mehr nur Brosamen: 1,04 Sekunden Vorsprung auf Silber-Gewinner Hubert Strolz (9), Ingemar Stenmark (unten) kam gar nicht ins Ziel...

74

So macht Alberto Tomba Schlagzeilen:
Kompromissloser Angriff, dass die Fetzen fliegen
– und dann den Triumph geniessen.
Der Jugoslawe Tomas Cizman: Einer, der das Ziel
auch nicht erreichte.

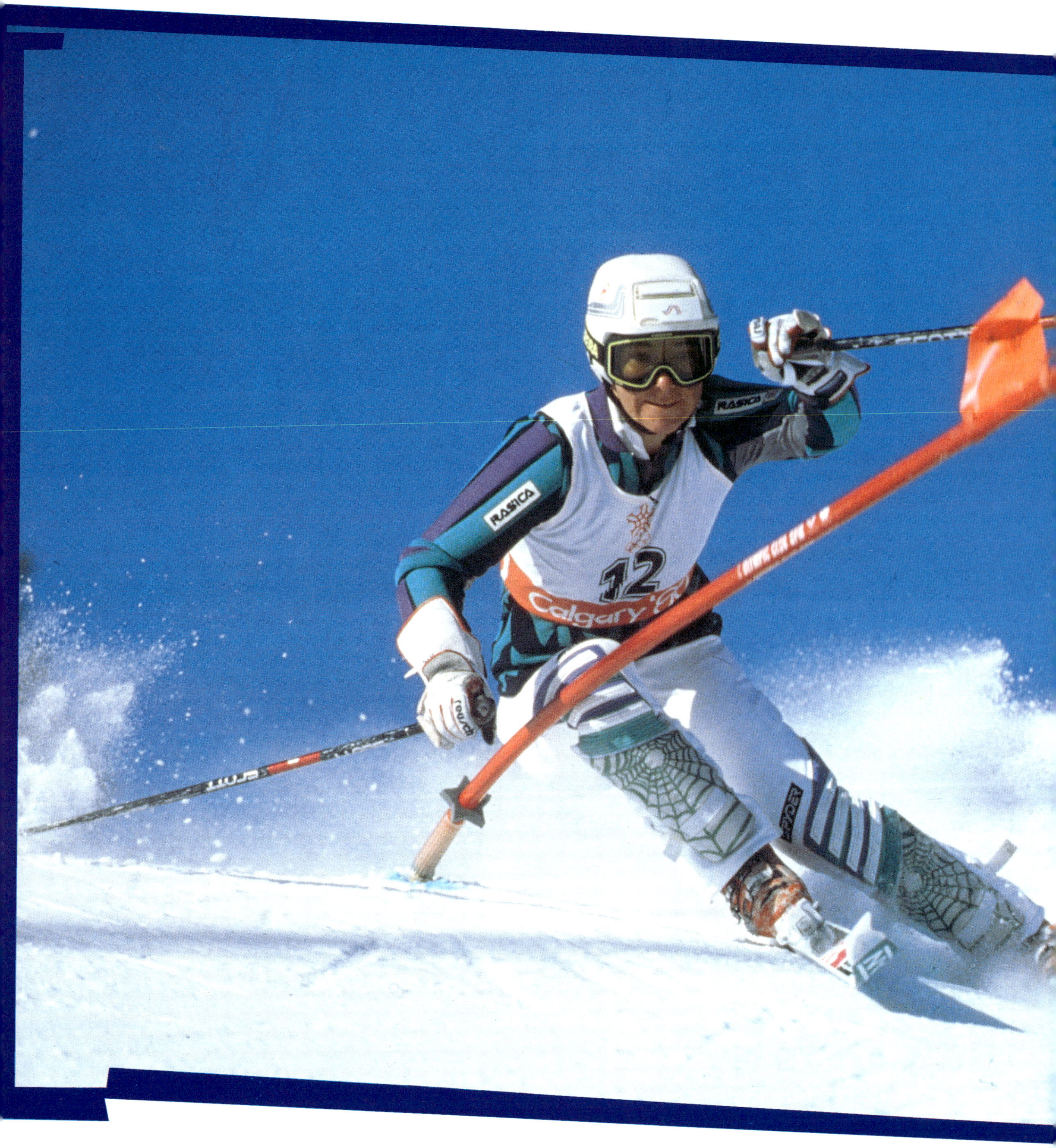
RASICA
RASICA
12
Calgary

Glück und Pech liegen im Slalom nah beieinander: Den einen – wie Vreni Schneider (14) und Mateja Svet (12) – gelingt alles, den andern nichts.

78

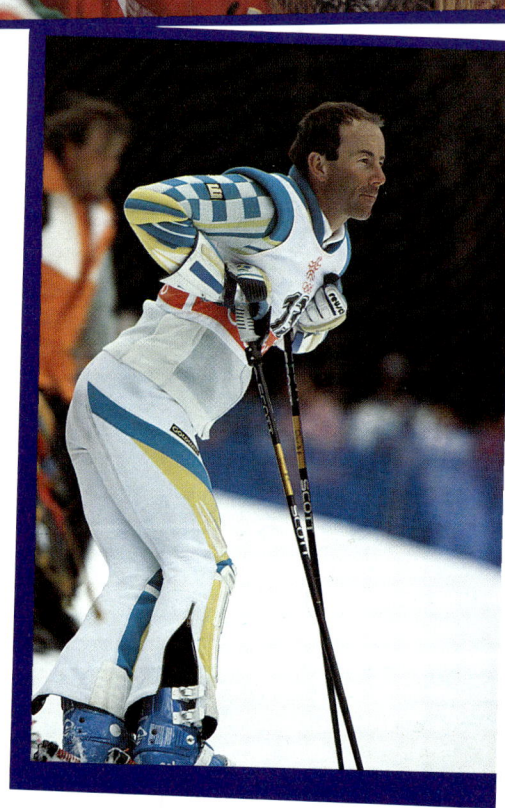

Herren-Slalom – das Finale aller grossen Titelkämpfe. Und die letzte Gelegenheit für die Fotografen, herrliche Impressionen der Nachwelt zu überliefern.

Von Toni NÖTZLI

DIE BESTE SCHWEIZER OLYMPIA-BILANZ ALLER ZEITEN

Drei Olympia-Medaillen durch Schweizer nordische Skisportler, das hat es in der Geschichte der Olympischen Winterspiele noch nie gegeben. Erstmals Gold durch Hippolyt Kempf in der nordischen Kombination, Silber durch das Trio Schaad/Kempf/Glanzmann in der Teamwertung sowie Bronze durch Andy Grünenfelder im 50-km-Marathon – das übertraf sogar Grenoble 1968 (Silber durch Alois Kälin in der Kombination, Bronze durch Sepp Haas über 50 km) und 1972 Sapporo (Silber durch Walter Steiner im 90-m-Springen, Bronze durch die Staffel Alois Kälin, Albert Giger, Alfred Kälin und Edi Hauser)!

Welch ein krönender Abschluss der Spiele in der Olympia-Aussenstation Canmore! Der Einzelwettkampf der Kombinierer hatte auf einen einzigen Tag zusammengedrängt werden müssen, weil die Witterung am Samstag die Austragung des Springens nicht zugelassen hatte. Nach seinem Weltcupsieg in Oberwiesenthal Ende Dezember 1986 hatte der Horwer Hippolyt Kempf als Eintagesspezialist gegolten. Damals hatte der Anlass ebenfalls wegen schlechtem Wetter auf wenige Stunden zusammengedrängt werden müssen.

Nach dem Springen am frühen Morgen war Hippolyt Kempfs Ausgangslage günstig gewesen wie nie zuvor in seiner Karriere. 1:10 Minuten hinter Klaus Sulzenbacher und acht Sekunden hinter dem schwachen Langläufer Hubert Schwarz konnte er auf die 15 km gehen. Nachdem er nach einer Weile endlich den Rhythmus fand, wurde nach zwölf Kilometern der Hase das Opfer seines Häschers. Am Ende einer längeren Steigung merkte Kempf, dass Sulzenbacher Meter um Meter verlor. Da griff er an, flog über die Hügel hinweg und die Abfahrt hinunter ins Ziel, dem grossen Olympiasieg entgegen!

Beinahe hätte es noch eine zweite Medaille – Bronze – gegeben, aber im Schlepptau von Uwe Prenzel kam Andreas Schaad nur noch auf acht Sekunden an Allar Lewandi heran.

Im Mannschaftswettkampf hatten sich die Schweizer mit einem durchschnittlichen Springen 4:52,0 Minuten Rückstand (6.) auf die BRD eingehandelt. Mit etwas Glück, so liess sich ausrechnen, lag Bronze im Bereich des Möglichen. Sowohl Andreas Schaad wie Hippolyt Kempf und Fredy Glanzmann erzielten jedoch Rundenbestzeiten. In einem an Spannung kaum mehr zu überbietenden Finale stiess das Schweizer Trio auf den zweiten Platz vor – nur 3,4 Sekunden hinter Thomas Müller, der als Schlussläufer mit einem taktisch hervorragenden Rennen der BRD Gold sicherte.

BRONZE IN DER "KÖNIGSDISZIPLIN"!

Das herausragende Ergebnis der Langläufer bildete zweifellos die Bronzemedaille von Andy Grünenfelder im 50km-Marathon, der Königsdisziplin der Langläufer. In einem epochalen Rennen, das von Gunde Svan eindeutig dominiert wurde – Schlusszeit 2:04:30,9 Std., der beste je über diese Distanz gestoppte Wert, entsprechend einem Stundenmittel von 24,093 km/h bei einer Gesamtsteigung von 1794 m! – lag der Bündner zwar stets ausserhalb der Reichweite des ersten Platzes, aber immer in den Medaillenrängen. Bei der Hälfte der Distanz noch knapp vor dem Weltmeister über diese Distanz, Maurilio de Zolt liegend, musste Grünenfelder dem Italiener mit dem hohen Laufrhythmus auf den zweiten 25 km den zweiten Platz überlassen.

Auf den letzten Kilometern verfügte der Schweizer jedoch die Resistenz, um Vegard Ulvang (No) und Holger Bauroth (DDR) in Schach zu halten. Mit Andy Grünenfelder stieg der erste Schweizer Langläufer seit 20 Jahren (1968 Grenoble Sepp Haas ebenfalls über 50 km Dritter hinter Ole Ellefsäter/No und Viktor Wedenin/SU) auf ein olympisches Siegespodest. Und der sehr sensible Bündner hatte diesen grossen Triumph wahrlich verdient. Als Einzelgänger mit sehr konkreten Vorstellungen von seiner Trainingsgestaltung war er meistens seine eigenen Wege gegangen und damit angeeckt. Die Kritik hatte er meistens weggesteckt und sich umso gewissenhafter daran gemacht, seinen vierten WM-Rang von Oberstdorf zu verbessern.

Grünenfelders Erfolg bildete den krönenden Abschluss einer zweiten Olympia-Woche, die den Schweizern in der Skating-Technik einige schöne Momente beschert hatte. Da war Christina Gilli-Brügger, die über 20 km beinahe die erste Olympia-Auszeichnung einer Schweizer Langläuferin errungen hätte. 15,3 Sekunden trennten sie am Schluss als Vierte vom dritten Platz. Ihr Medaillentraum wäre möglicherweise Tatsache geworden, hätte sie sich nicht vier Tage vor ihrem bedeutenden Wettkampf eine Erkältung zugezogen.

Ebenfalls den vierten Platz und damit das beste Ergebnis hatten die beiden Staffeln unseres Landes errungen. Bei den Männern vermochte Giachem Guidon zwei Kilometer von dem Ziel Pavel Benc nicht mehr zu folgen, der zusammen mit Radim Nyc, Vaclav Korunka und Ladislav Svanda für die CSSR die erste olympische Bronze-Auszeichnung gewann – ein Ziel, das in der Tschechoslowakei seit dem Desaster vier Jahre früher in Sarajevo mit aller Konsequenz verfolgt worden war. Den vierten Platz der Schweizer stellte Jeremias Wigger zum grossen Vergnügen der kanadischen

NORDISCH

SUPERSTAR MATTI NYKÄNEN

Zuschauer im fulminanten Endspurt gegen De Zolt sicher. Bei den Frauen fehlten, nachdem Christina Gilli-Brügger als Schlussläuferin die absolut beste Abschnittszeit erzielt hatte, lediglich 5,6 Sekunden zum alles bedeutenden dritten Rang.

Über die Wettkämpfe im Diagonalstil deckt man aus Schweizer Sicht am besten den Mantel des Schweigens. Sie stellten einen enttäuschenden Auftakt dar, geprägt durch mittelmässige Resultate und erhebliche interne Probleme.

DIE SOWJETRUSSEN DOMINIERTEN KLAR

13 von 24 Langlauf-Medaillen (je fünf Gold und Silber, dazu dreimal Bronze) gingen an die Athleten aus der Sowjetunion, die nach Jahren der Überrumpelung durch die Skating-Technik und des Rückfalls in die Tiefen der Klassemente ein enorm beeindruckendes Comeback feierten, das sich schon bei ihren seltenen Auftritten im Weltcup angekündigt hatte.

Minutiös hatten die Sowjetrussen diese 15. Olympischen Winterspiele geplant und vorbereitet. Weil der Grossteil der Strecken mit Kunstschnee zubereitet war, griffen sie auf die Erfahrungen von Lake Placid 1980 zurück, wo ähnliche Verhältnisse geherrscht hatten. Und um die Athleten auf die schwersten Strecken vorzubereiten, die je bei einem solchen Grossanlass bewältigt werden mussten, hatten sie in ihrem Trainingsgebiet Bakuriani (Republik Georgien, 1800 m ü.M.) Loipen mit einem ähnlichen Profil angelegt! So fanden sich die Dewjatjarow, Prokurorow und Smirnow, die Tichonowa, Wentsene, Reszowa und die immerhin schon 36jährige Smetanina am besten mit dem pausenlosen Auf und Ab ab, das den Wettkämpfern keinerlei Erholungsmöglichkeit liess.

Ihren Gegnern liessen die Sowjetrussen bei ihrem grössten Triumph in der Geschichte olympischer Winterspiele nur die Brosamen. Die Klassisch- und Sprintdistanz-Spezialistin Marjo Matikainen bewahrte Finnland vor einem Debakel, und die Erfolge ihrer Staffel und von Gunde Svan über 50 km übertünchten die Misere und die unglaublichen Wachsprobleme, die die Schweden in den klassisch ausgetragenen Wettkämpfen verzeichneten. Norwegen blieb zwar ausserhalb der Goldsplitter, konnte sich aber wenigstens mit zweimal Silber und einmal Bronze ein wenig trösten.

Auf einem Kontinent, auf dem die Show einen grossen Stellenwert besitzt, konnte es geschehen, dass ein "Schanzenfahrer" wie Eddie "the Eagle" Edwards (Gb) beinahe tagtäglich in den Schlagzeilen auftauchte und gar zu einer der berühmtesten Talkshows in den USA eingeladen wurde.

Derjenige Springer jedoch, der mit dem Gewinn dreier Goldmedaillen (70 und 90 m sowie Mannschaft) vollbrachte, was noch keinem vor ihm gelungen war, wurde wegen seiner vermeintlich farblosen Ausstrahlung als Anti-Held bezeichnet: Matti Nykänen, das Jahrhundert-Talent, je nach Standpunkt mit den Engeln oder dem Teufel im Bunde stehend, auf jeden Fall aber den Gegnern unter welchen Bedingungen auch immer um Meter voraus. Nichts könnte die Überlegenheit des für das Skispringen ideal gebauten Finnen besser erhellen als die Tatsache, dass in den Interviews nie von den Konkurrenten die Rede war und dass Nykänen immer nur die eigenen Sprünge beurteilte. Selten rang er sich zum Urteil durch, dass ihm ein perfekter Wettkampf gelungen war. Meistens meinte der dreifache Olympiasieger, es hätten noch einige Meter mehr drin gelegen...

Aber auch an Matti Nykänens Nerven hatte das tagelange Warten gezehrt, weil der entgegen allen Erfahrungen mit seltener Konstanz und Heftigkeit blasende Föhn ("Chinook") die 18 Millionen Dollar teuren Sprungtürme vor den Toren Calgarys umtoste. Das Schweizer Quartett Christian Hauswirth, Gérard Balanche, Fabrice Piazzini und Christoph Lehmann fand sich im grossen Heer der geschlagenen Gegner wieder. Ihm fehlte die Konstanz, um nach den glänzenden Ergebnissen zur Jahreswende bei der Vierschanzentournee und dem Druck bei der Schweizer Springertournee noch einmal auftrumpfen zu können. Die Luft war einfach draussen.

82

Die Russinnen dominierten den Damenlanglauf fast nach Belieben: Vida Ventsene (40) gewann den 10km-Lauf, Raissa Smetanina (51) wurde im gleichen Wettbewerb Zweite; Tamara Tikhonova (9) sicherte sich Silber im 5km-Lauf.

84

Alexei Prokurorov (28) lehrte über 30 km klassisch die Konkurrenz das Fürchten: So blieb den Skandinaviern nur gerade noch Bronze, gewonnen durch den Norweger Vegard Ulvang (80).

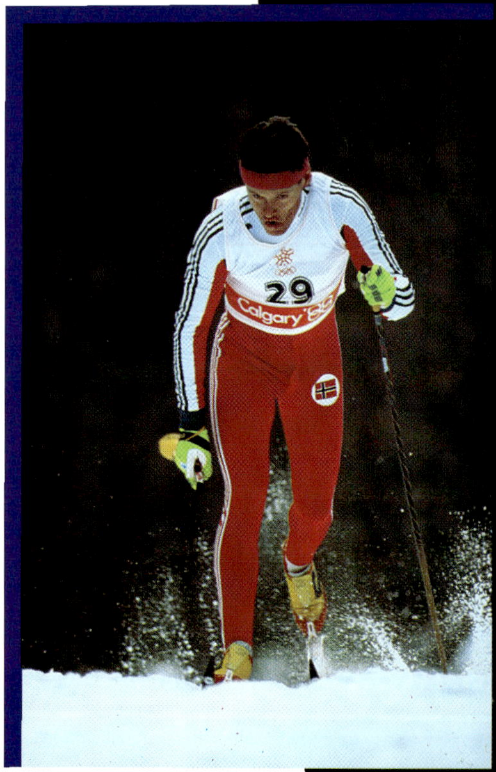
29

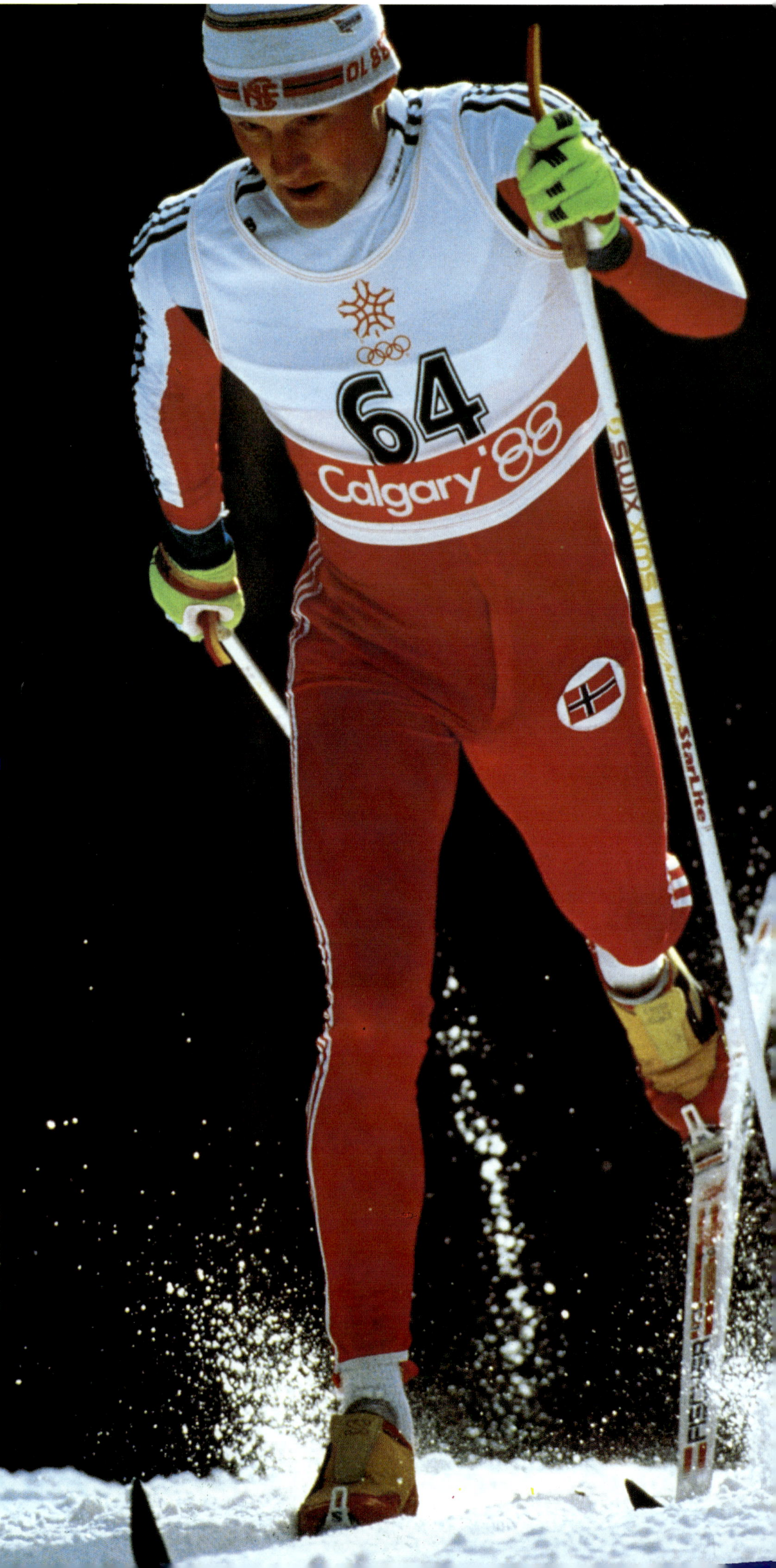
64
Calgary '88
SWIX
StarLite

Gemischte Bilanz der Norweger im 15km-Langlauf: Mikkelsplass (29) holte Silber, Ulvang (64) wurde Siebter. Besser lief es den Skandinaviern in der Staffel: Torgny Mogren, Schwedens Schlussläufer, freute sich über Gold.

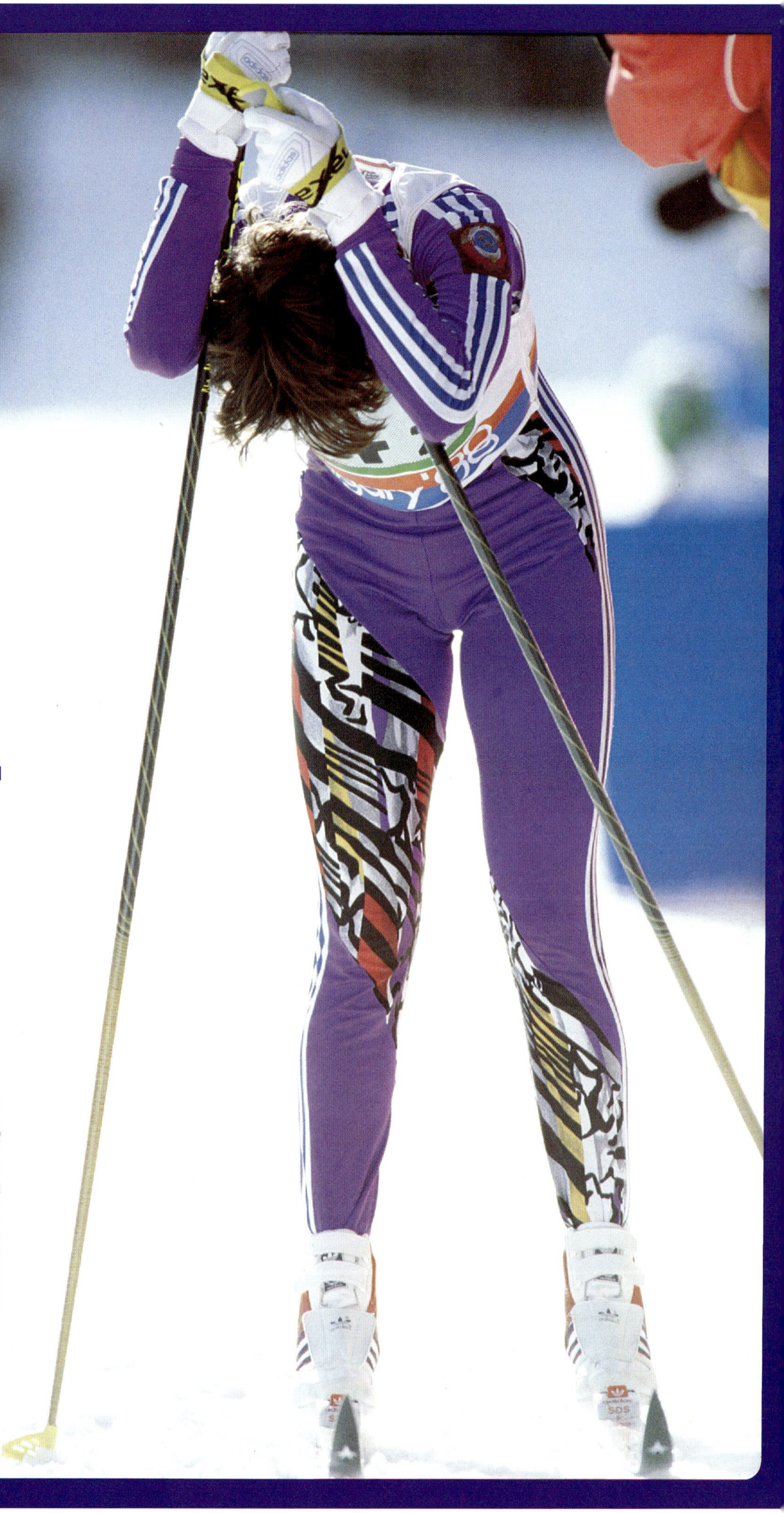

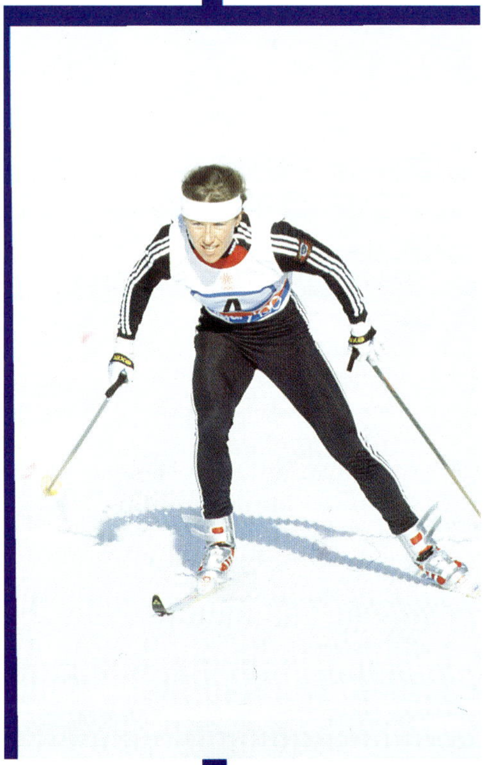

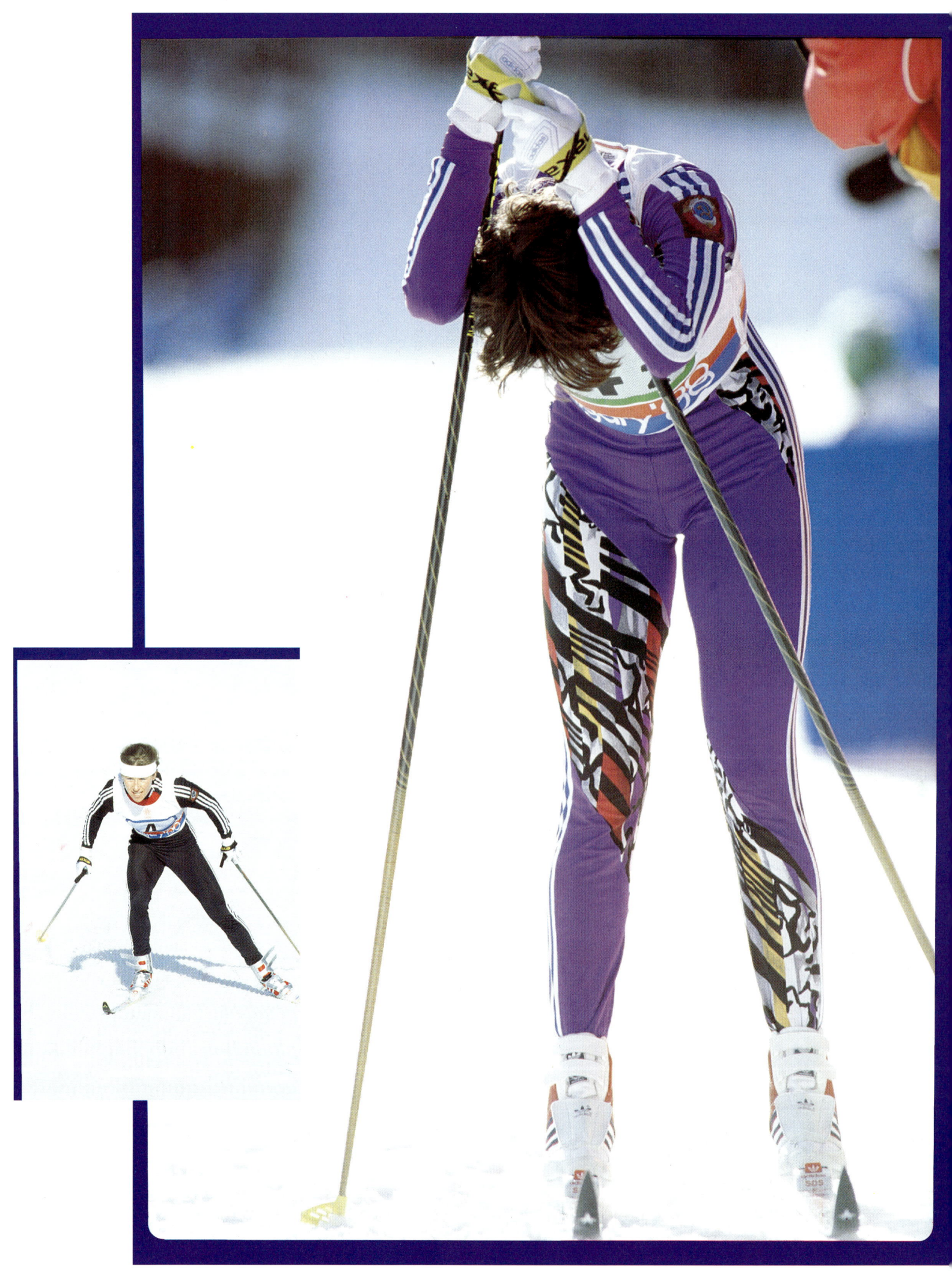

Freud und Leid, Genugtuung und Enttäuschung lagen auch in Canmore sehr nahe beisammen.

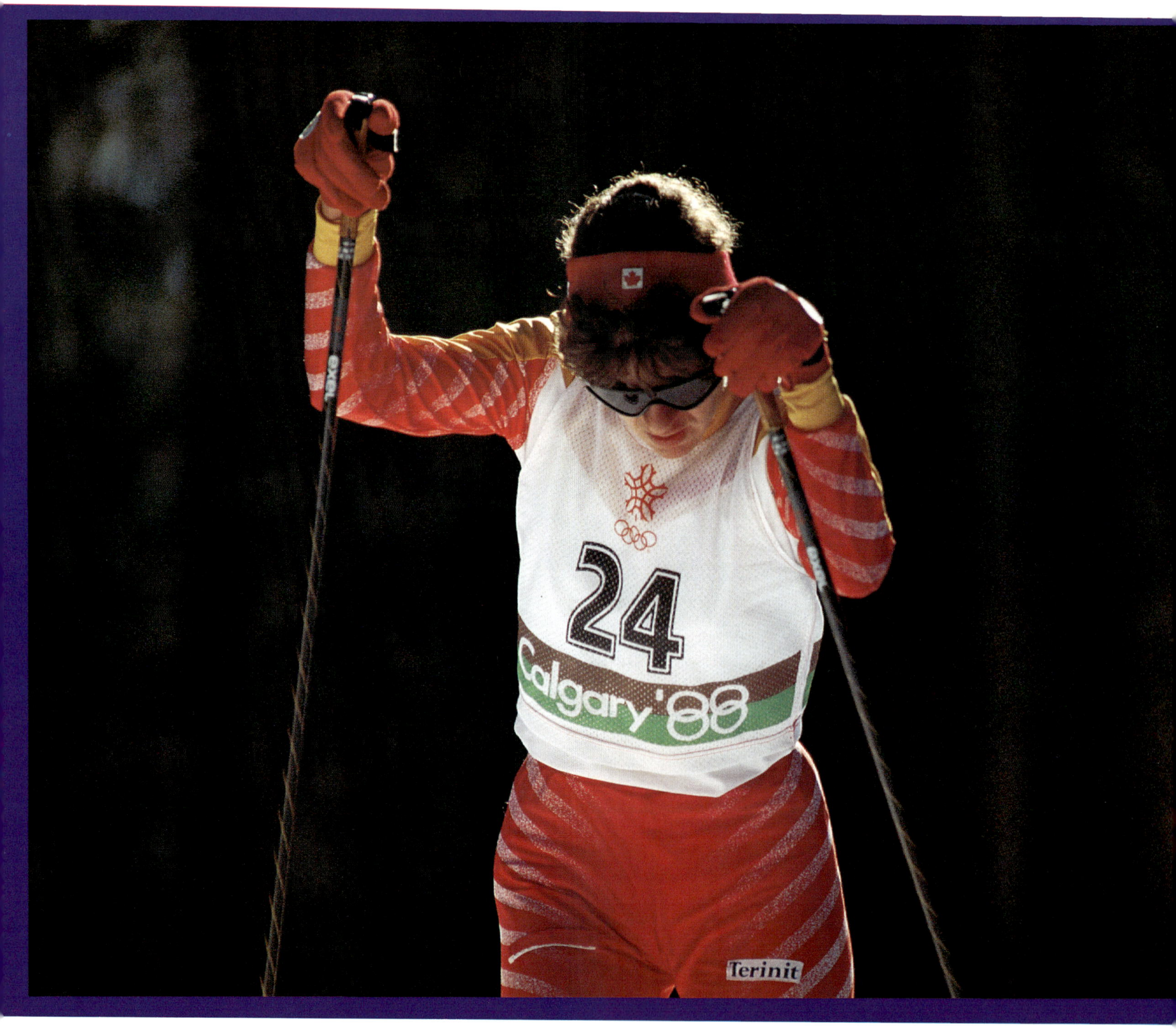
24
Calgary '88
Terinit

Im wunderschön gelegenen Langlauf-Stadion von Canmore blieb die Atmosphäre stets familiär: Fans, Mikrophone und Athleten feierten eine friedliche Koexistenz.

92

Für Gunde Svan, den grossen Schweden, aber auch für seine Fans, begannen die Spiele mit Skepsis und Verunsicherung. Erst in der "zweiten Halbzeit" konnte Svan jubeln: Gold in der Staffel und über 50km! Geschlagen dagegen Mikkelsplass aus Norwegen (am Boden liegend) und der Jugoslawe Kristinar (rechts).

N
KOM

NORDISCHE KOMBINATION

"Ich bin stolz auf Klaus!"

Hippolyt Kempf
über Klaus Sulzenbacher,
seinen Klassenkameraden
im Ski-Gymnasium Stams

"Das ist wunderbar...
Und es macht mir nichts aus,
dass Hippolyt Gold gewonnen hat.
Unsere beiden Medaillen
sind Medaillen für alle."

Klaus Sulzenbacher
über Hippolyt Kempf,
den Olympiasieger

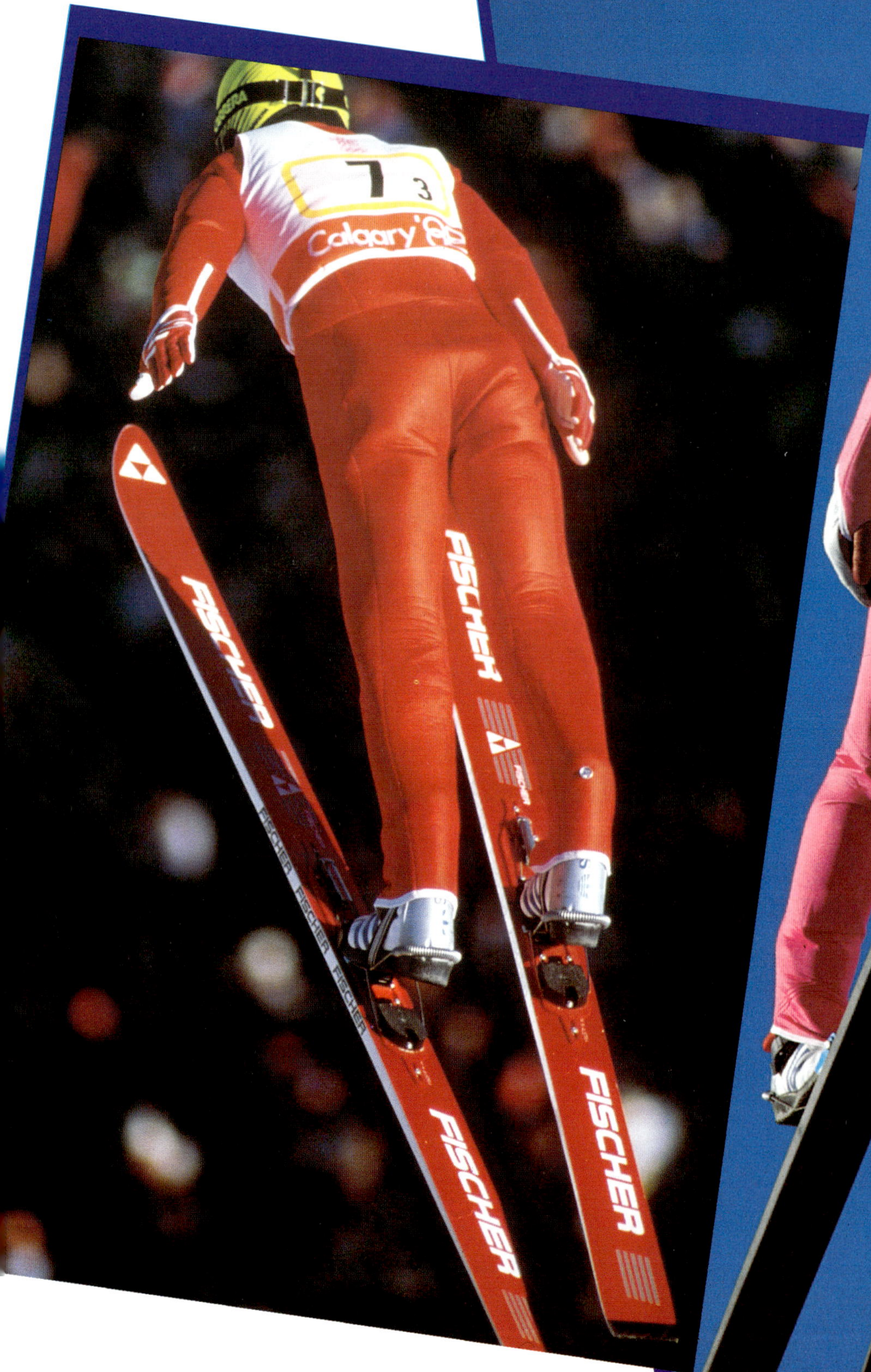
7 3
FISCHER
FISCHER
FISCHER
FISCHER

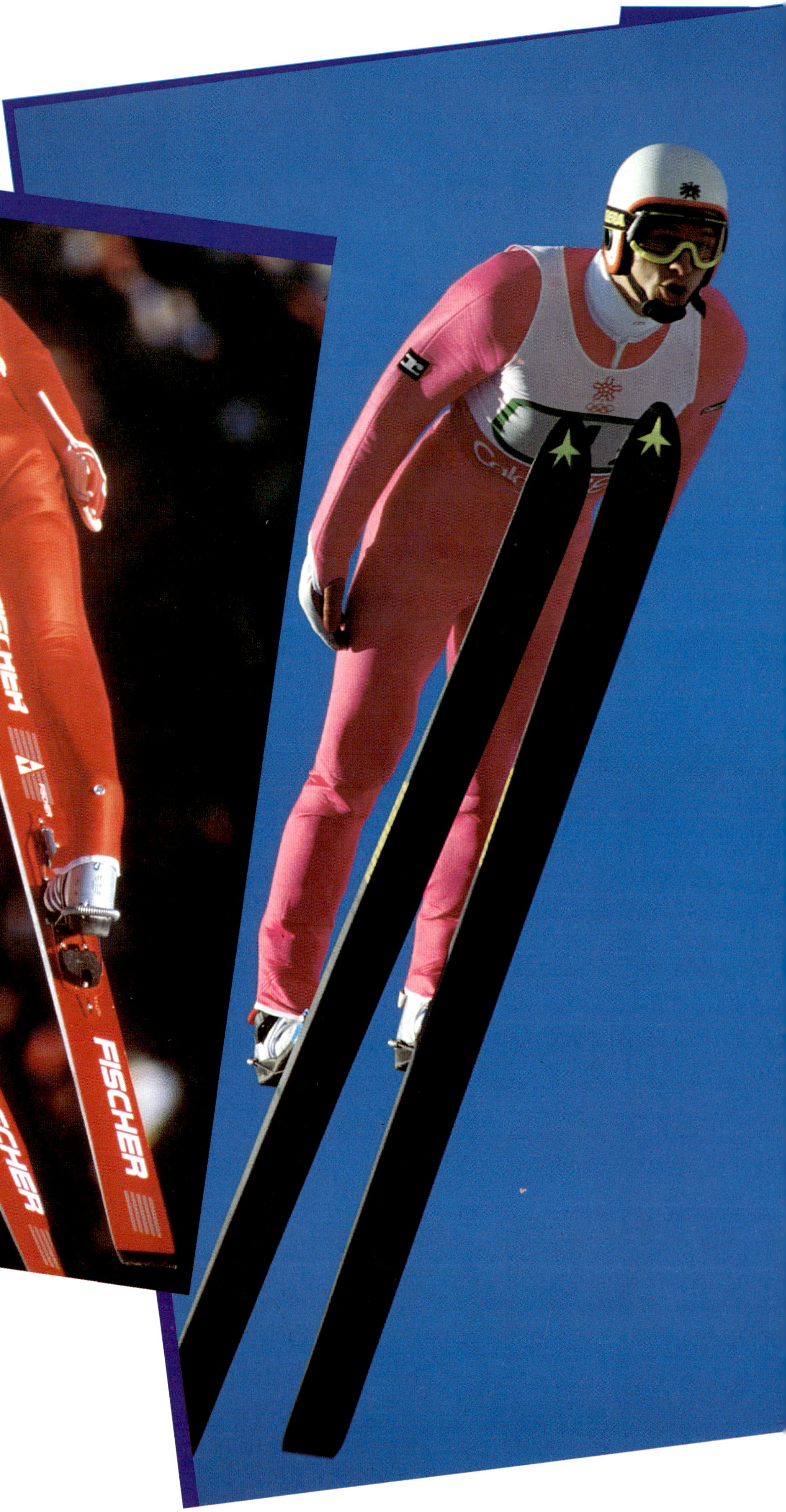

Springen – die Vorentscheidung in der nordischen Kombination.

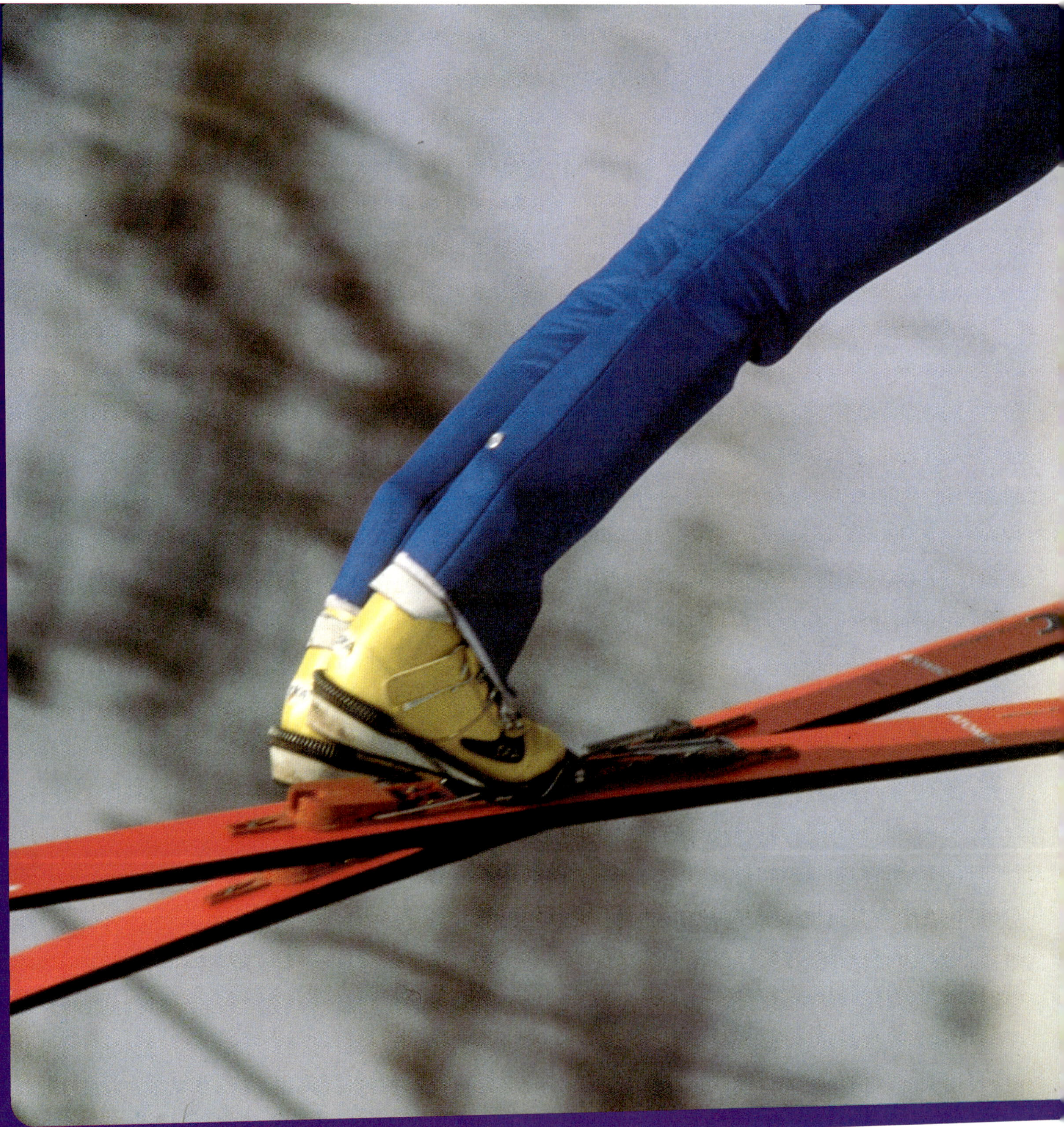

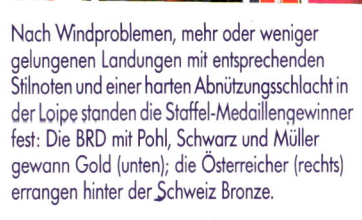

Nach Windproblemen, mehr oder weniger gelungenen Landungen mit entsprechenden Stilnoten und einer harten Abnützungsschlacht in der Loipe standen die Staffel-Medaillengewinner fest: Die BRD mit Pohl, Schwarz und Müller gewann Gold (unten); die Österreicher (rechts) errangen hinter der Schweiz Bronze.

100

Hippolyt Kempf brachte die Schweiz auf seinem Streckenabschnitt dem Staffelsilber ein gutes Stück näher (kleines Bild in der Mitte); die Österreicher vertrauten auf die Qualitäten von Weltcupleader Klaus Sulzenbacher (rechts).

Nicht nur Gegner, sondern auch sportliche
Kollegen: Hippolyt Kempf gratuliert seinem
Kontrahenten in der Loipe, Klaus Sulzenbacher,
zu dessen Leistung.

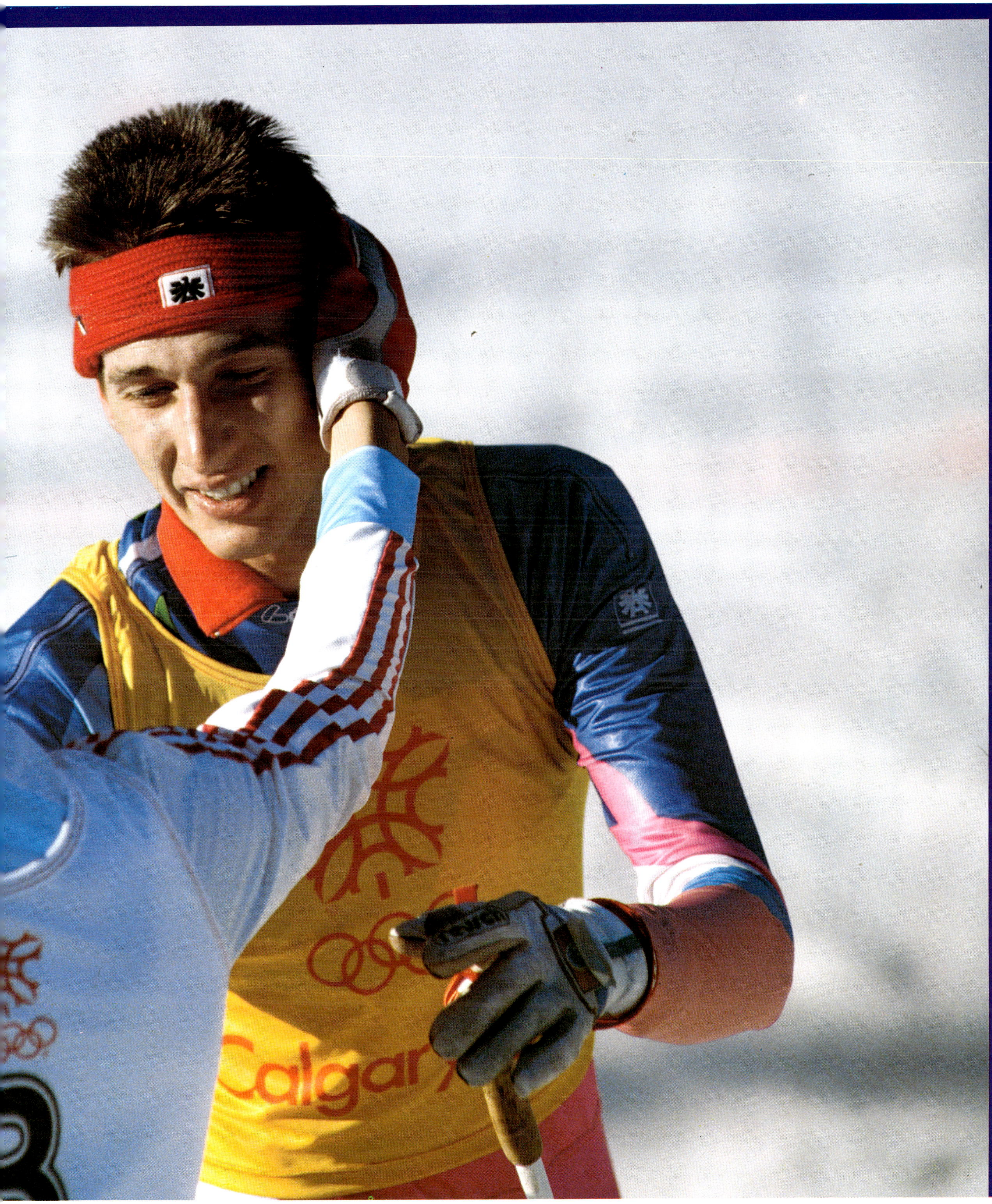
Calgary

Die grosse Stunde des liebenswürdigen Luzerners Hippolyt Kempf: Auf der 15km-Loipe des Einzelwettkampfes hatte er alles gegeben und auch alles gewonnen – das olympische Gold!

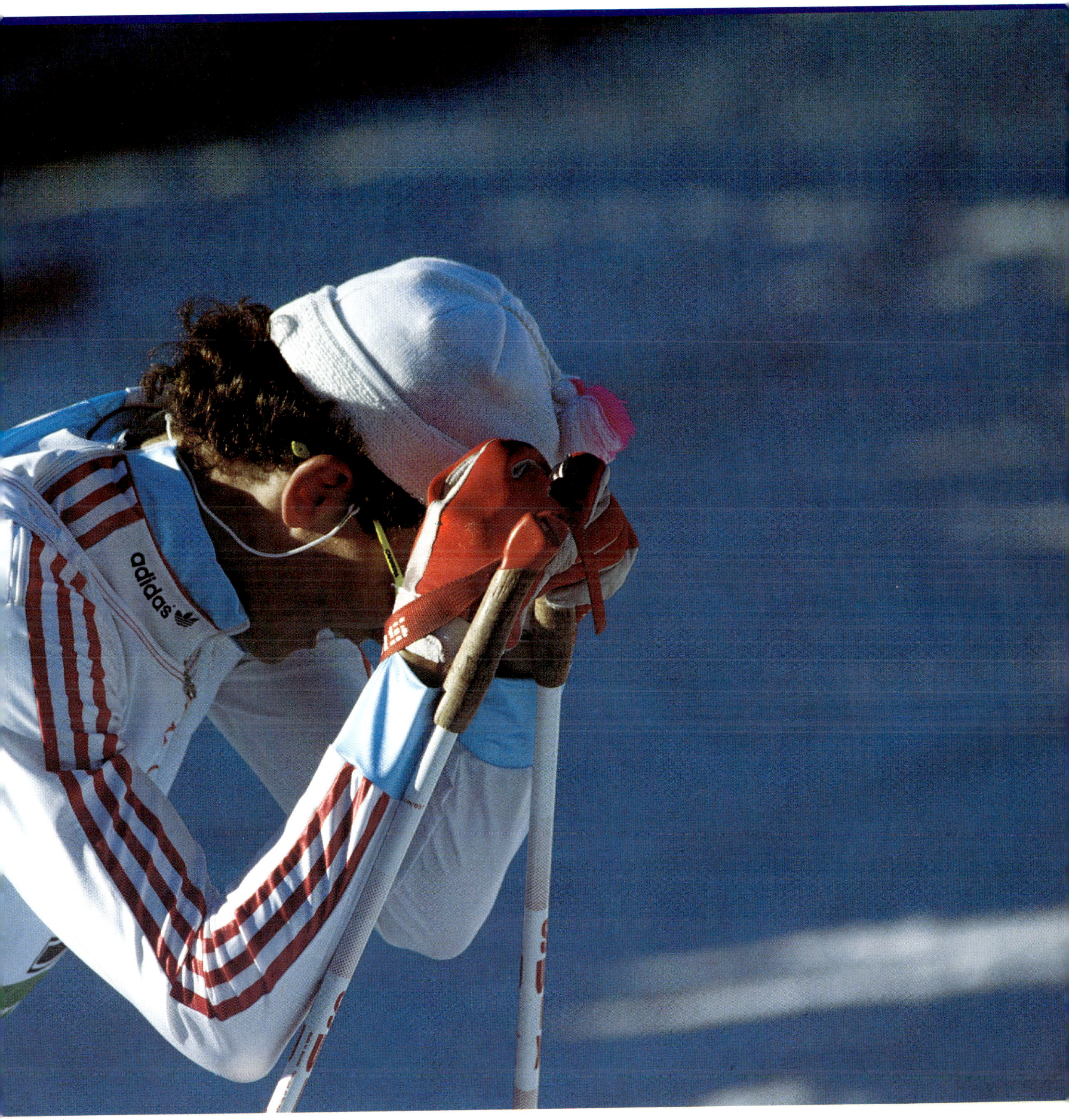
adidas

SKI

SPRINGEN

"Matti ist
der Welt bester Skispringer
aller Zeiten!"

Matti Pulli,
Matti Nykänens Coach

Glückliche Tschechen (Pavel Ploc, Silber mit Nr. 31, und Jiri Malec, Bronze) – doch auch sie konnten Matti Nykänen nicht am Goldgewinn hindern.

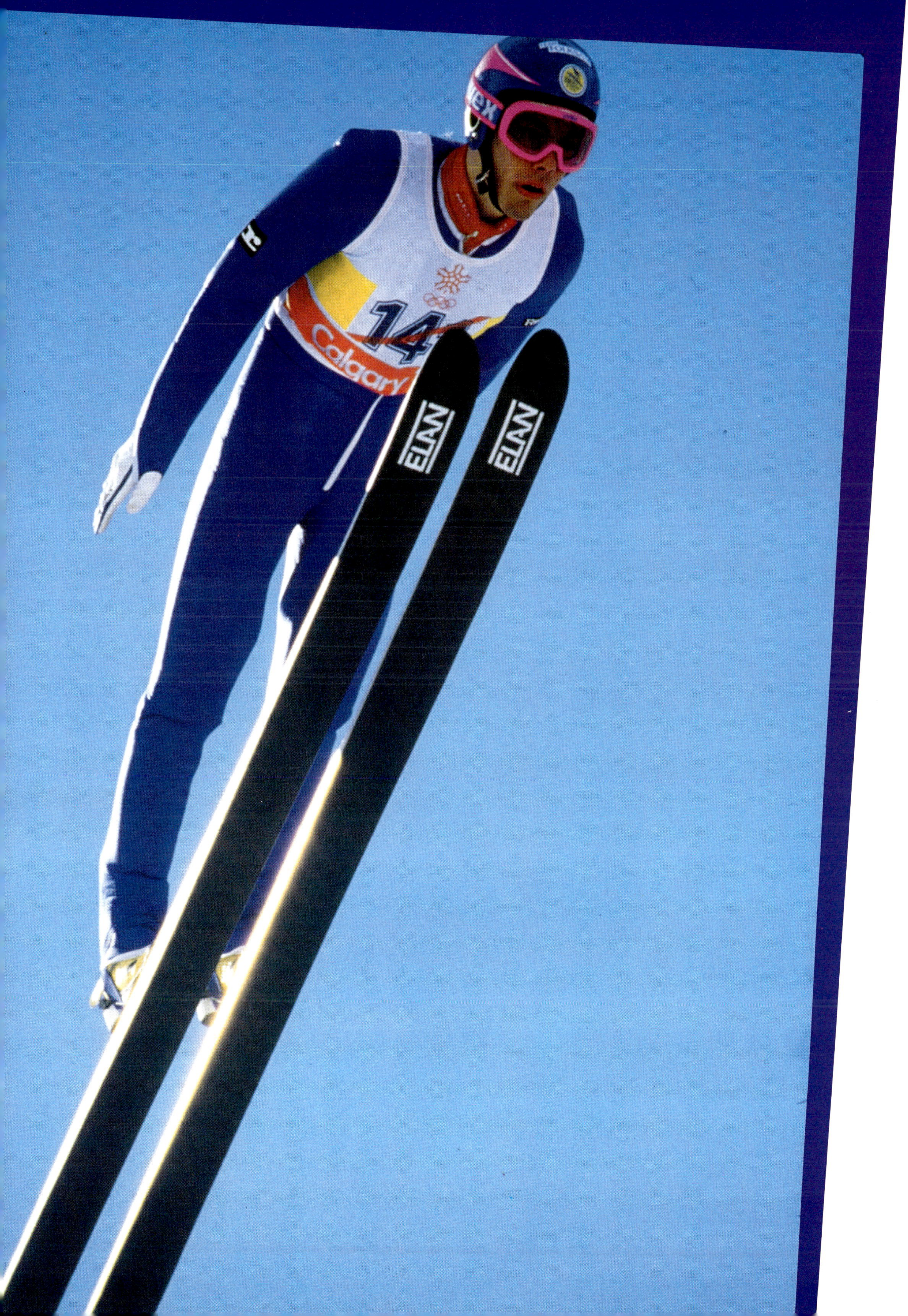
14
Calgary
ELAN
ELAN

Trotz Chinook, trotz Absagen und
Verschiebungen: Bis zu 80000 begeisterte
Zuschauer liessen es sich jeweils nicht nehmen,
die Springkonkurrenzen mitzuverfolgen.

111

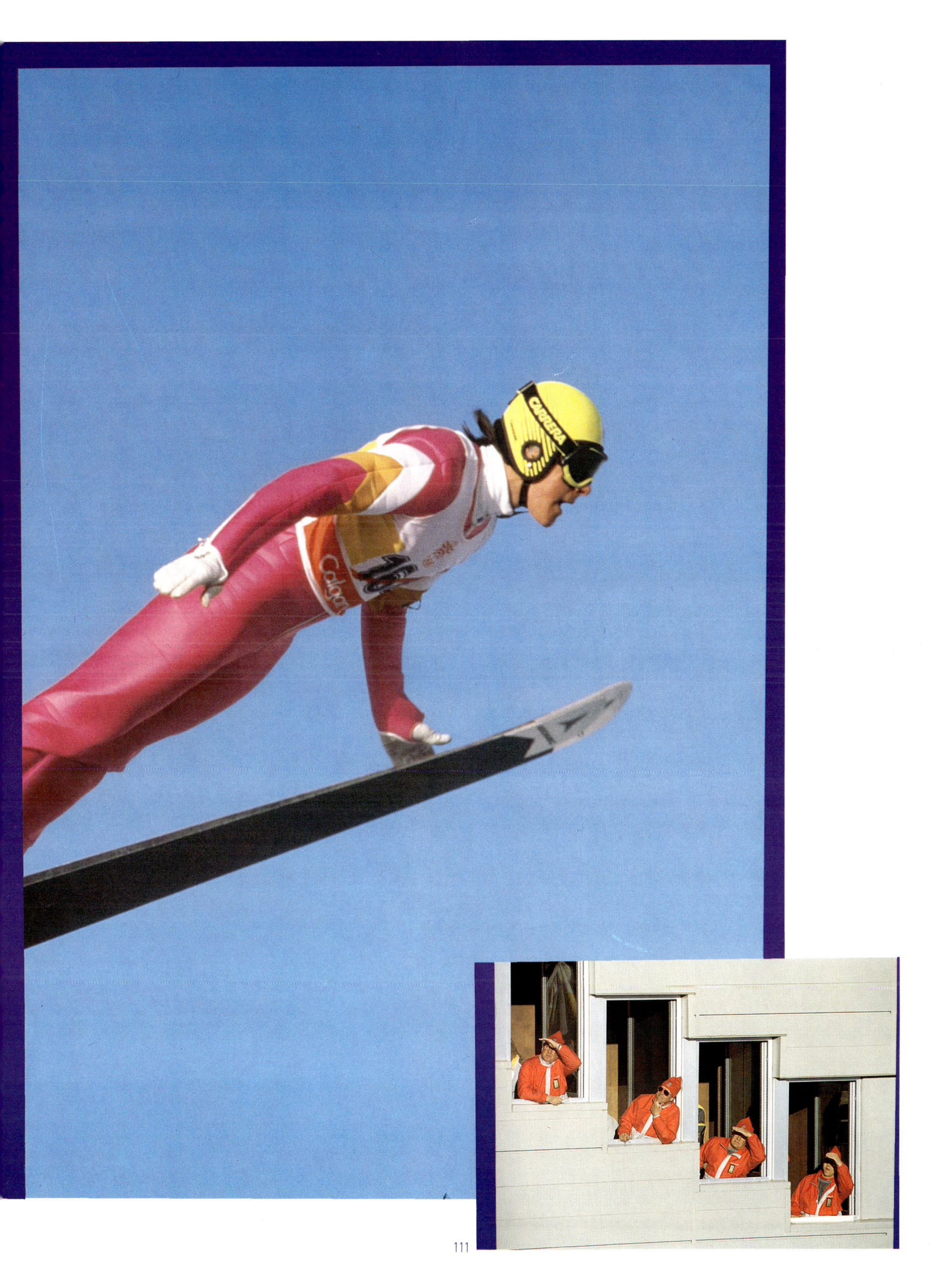

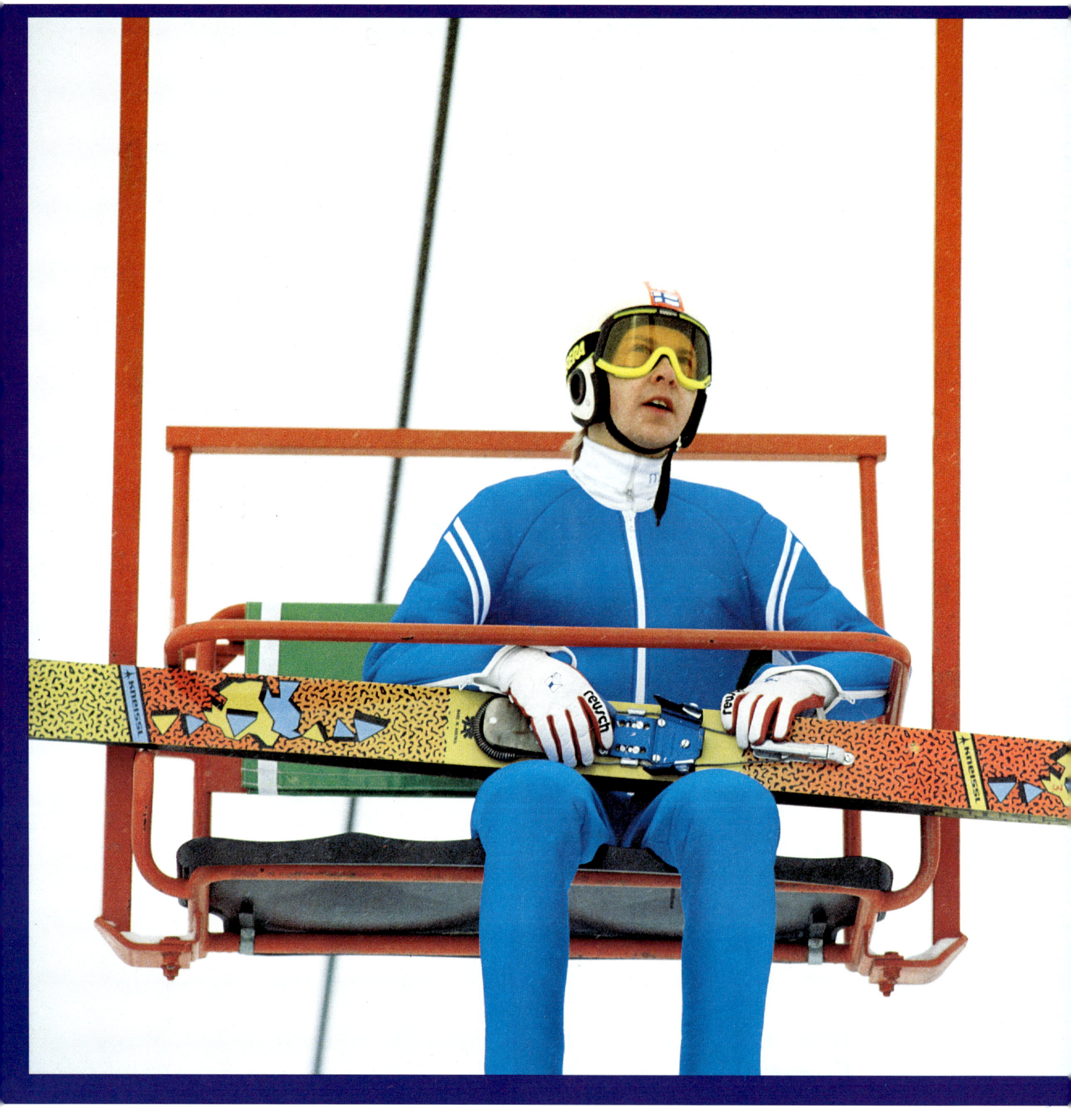
reusch

"Der Fahrstuhl nach oben ist besetzt, Sie müssen warten!" Nach dem Text dieses populären Schlagers verfuhr Matti Nykänen mit seiner Gegnerschaft: In jeder Sprungkonkurrenz muss der Rest der Welt jetzt wieder vier Jahre bis zur nächsten olympischen Goldchance ausharren...

114

Zum grossen Idol der Kanadier, aber auch zum sympathischen Antihelden für die ganze Welt emporstilisiert: Eddie Edwards (24) aus Grossbritannien, schlicht "Eddie the Eagle" genannt. Bis zum Schluss der Spiele kannte die "Eddiemania" in Calgary keine Grenzen mehr, das Motto lautete nur noch. Keine Party ohne Eddie!

Pavel Ploc freute sich auch über einen fünften Rang.

BIATHLON

"Frank-Peter ist so stark.
Er ist auf den Ski unschlagbar,
darum ist er auch
der Beste von uns allen."

Waleri Medvetsev,
Silbermedaillen-Gewinner
über 20km und 10km hinter
Frank-Peter Roetsch

Die Nervenmühle am Schiessstand: Wenn die Mouchen fehlen, heisst's die Kraftreserven in den Beinen anzapfen...

Erik Kvalvoss aus Norwegen (links) und Tapio Piipponen aus Finnland (unten) haben ihre Chancen noch, der Bulgare Vodentcharov (rechts) muss auf die Strafrunde.

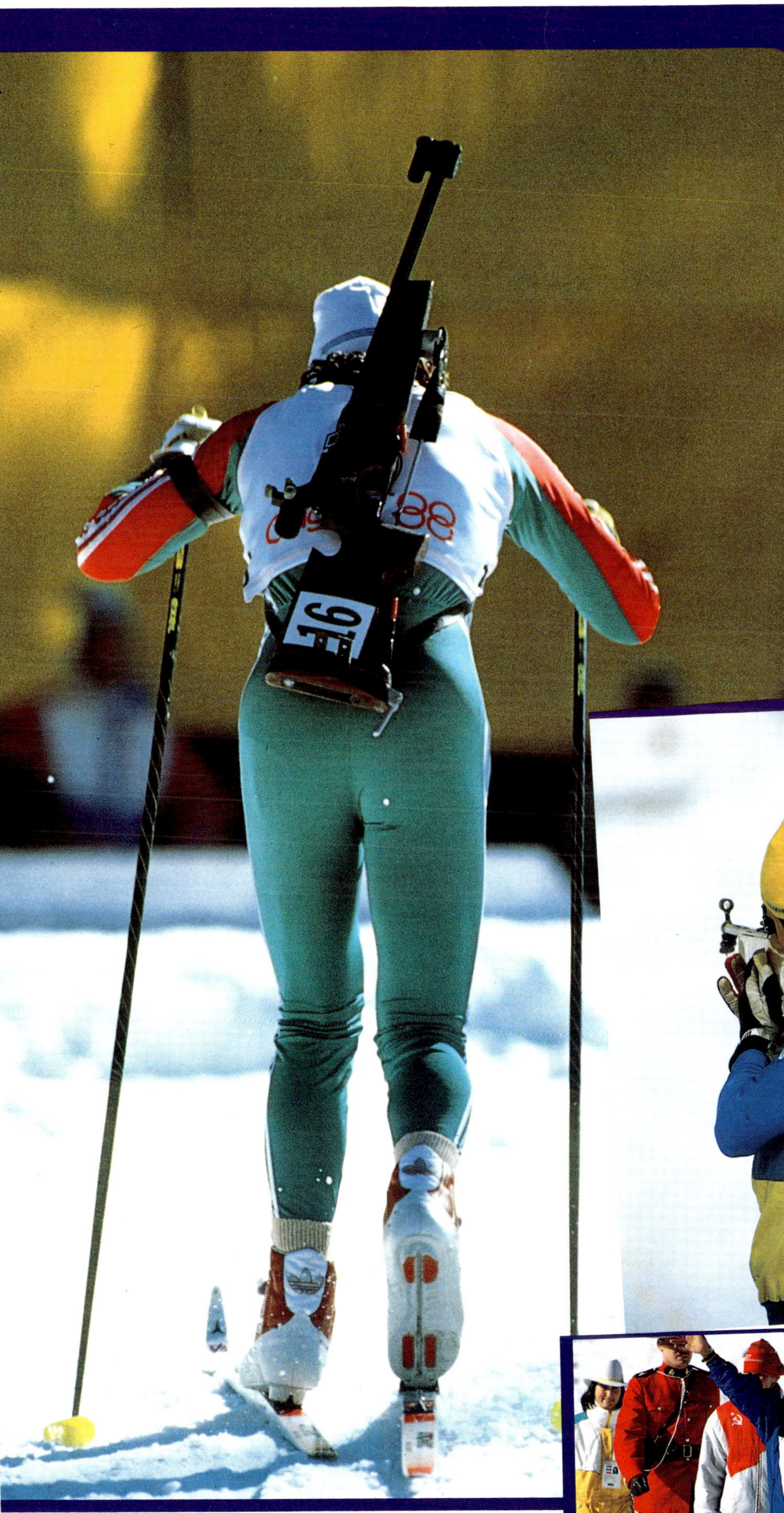
16

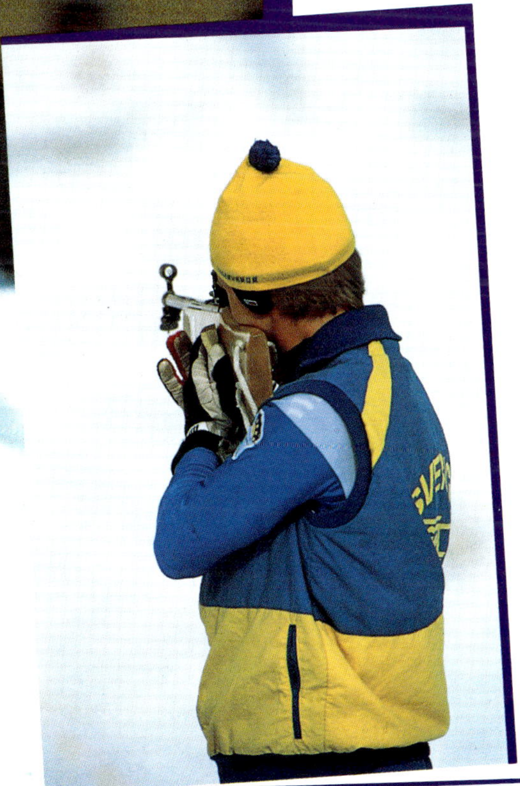

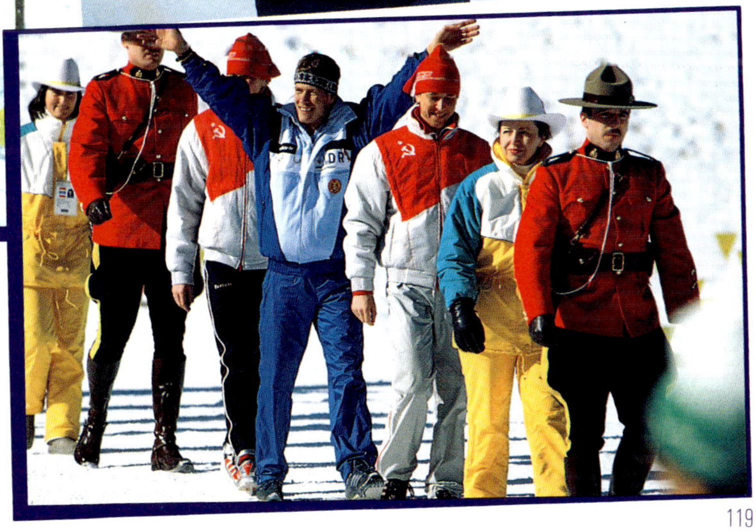

Staffelstart mit vielen Unsicherheiten: Wird der russische Scharfschütze der Favoritenlast gewachsen sein; oder fehlt's schliesslich in der Loipe, wie bei Carl Davies (rechts)?

121

Von Jan HIERMEYER

HITCHCOCK-FINALE IM SADDLEDOME!

Eiskunstlaufen wird immer populärer! Was den Tausenden im Saddledome und den Millionen am Bildschirm vor allem in den Einzelwettbewerben der Herren und Damen geboten wurde, ruft nach Superlativen! Aus allen brillanten Leistungen heraus überragt jene des DDR-Stars Katarina Witt: Nach Sarajevo 1984 gewann die ausdrucksstarke, faszinierende Eisprinzessin zum zweiten Mal olympisches Gold und dazu die Herzen neuer Fans.

SOWJETISCHE PAARE SEIT 1964 UNGESCHLAGEN

Die Paarläufer eröffneten den olympischen Wettkampf der Eiskunstläufer und Eistänzer. Im Kurzprogramm hatten die Welt- und Europameister Jekaterina Goldeeva und Sergey Grinkov aus Moskau nicht die geringsten Probleme. Nach Musik aus der Oper Carmen von Bizet zauberten sie ihre sieben Elemente mit Perfektion, Tempo und Sicherheit aufs Eis. Weder die Titelverteidiger – das Ehepaar Valova-Vassiliew – noch die Weltmeister von 1987 – Seleznewa/Makarow, die gar wegen eines Sturzes auf den sechsten Platz im Kurzprogramm zurückfielen, vermochten ein ähnlich unbeschwert wirkendes Programm zu zeigen.

Auch in der Kür blieben von den Spitzenpaaren nur die beiden nach dem Kurzprogramm führenden sowjetischen Paare fehlerlos. Gordeeva (16) und Grinkow (21), dynamisch, tempostark und technisch eine Klasse für sich, entlockten den 19000 begeisterten Zuschauern im Saddledome eine Standing Ovation und dem Preisgericht mit Abstand die höchsten Noten. Eine im technischen Bereich sicher angebrachte "6" blieb jedoch aus. Die trotz ihrer Jugend bereits zweifachen Weltmeister setzten eine Tradition fort. Seit 1964 gewannen stets sowjetische Athleten die Goldmedaille im Paarlaufen. Silber holten die Olympiasieger von 1984 in Sarajewo, Elena Valowa (25) und ihr Ehemann Oleg Vassiliew (28). Das Paar aus Leningrad strahlte mit seinem sehr tänzerischen Laufstil einiges von jener Romantik, Musikalität und Asthetik aus, die in den letzten Jahren zu Gunsten ausgeprägter Athletik und Sportlichkeit etwas verloren gegangen war. Die amerikanischen Bronze-Gewinner Watson (24) und Oppegard (28) begeisterten mit ihrer zum Teil atemberaubenden, artistischen Darbietung. Ein Sturz beim Doppel-Axel liess aber ihre berechtigten Hoffnungen auf die Silbermedaille schwinden.

FASZINIERENDES HERREN-FINALE

Für den Pflichtteil der Herren wurden zufällig die gleichen Figuren wie an den Europameisterschaften ausgelost. Nicht gerade die Lieblingsfiguren des Schweizers Oliver Höner, doch wie in Prag erledigte der Schweizer Meister die Aufgabe mit grosser Konzentration und belegte in dieser Sparte den ausgezeichneten zehnten Platz von 28 Teilnehmern; eine Position, die er auch nach dem Kurzprogramm noch zu halten vermochte, obwohl ihm die Wiederholung seiner Superleistung an den EM nicht gelang. Die Fülle neuer Eindrücke, der Leistungsdruck beim ersten Olympiastart, liessen den jungen Schweizer nicht unberührt.

An der Spitze entwickelte sich wahrlich ein Kampf der Giganten. Drei Weltmeister mit Chancen aufs Olympiagold! Der Russe Alexander Fadejew, Weltmeister 1985, der Amerikaner Brian Boitano, Weltmeister 1986, und der Kanadier Brian Orser, Weltmeister 1987, präsentierten sich bereits nach der Pflicht auf den vorderen Plätzen. Doch nach dem Kurzprogramm hatte sich der Dreikampf um die Goldmedaille auf ein Duell zwischen den beiden Brians reduziert. Der Dritte im Bunde, Fadejew, stürzte beim dreifachen Axel in der Kombination und war damit weg vom Fenster. Orser und Boitano zeigten ihre bestmögliche Leistung. Nach dem Kurzprogramm war Boitano Erster, Orser Zweiter und Fadejew war auf Platz drei zurückgefallen.

Der dramatische Kampf um die Goldmedaille trieb die beiden Gegner Orser und Boitano an die Spitze ihrer Leistungsfähigkeit. 20000 Zuschauer im Saddledome sahen das wohl Beste, was im Einzellaufen der Herren je gezeigt worden ist. Orsers eindrückliche Interpretation von Coppolas "Napoleon" faszinierte ebenso wie Boitanos fesselnde Ausstrahlung bei Schostakovics Balletsuite aus "The Bolt". Doch schliesslich erlag der Lokalmatador Orser, von dem an diesem Abend 20000 im Stadion und viele Millionen an den Bildschirmen nichts als die Goldmedaille erwarteten, der gewaltigen Nervenbelastung in ein paar winzigen Sekundenbruchteilen seiner Kür. Ein Ausrutscher beim Dreifach-Flip – ein doppelter statt eines dreifachen Rittbergers – wurde zum Zünglein an der Waage zu Gunsten des Amerikaners mit fünf zu vier Richterstimmen! Die Goldmedaille gehörte Boitano. Wie vor vier Jahren in Sarajewo, blieb für den enttäuschten Brian Orser nur Silber.

Oliver Höner litt – wie die meisten Europäer – unter der abnormen Wärme und Lufttrockenheit im Stadion. So ist es mehr als verständlich, dass er auch in der Kür nicht ganz jene Leistung erreichte, welche ihm in Prag den achten Platz eingetragen hatte. Mit seinem ausgezeichneten zwölften Schlussrang an seinen ersten Olympischen Spielen jedoch bestätigte Höner sein grosses Talent. Seit Hans Gerschwiler (Silbermedaille 1948 in St. Moritz) vermochte sich kein Schweizer an Olympia besser zu klassieren.

KONTROVERSE WERTUNG IM EISTANZEN

Das Eistanzen – erst seit 1976 olympisch – hat sich in den letzten Jahren zum Publikumsmagneten entwickelt. Doch gegenwärtig steht diese Sportart an einem Scheideweg. Torvill/Dean aus England haben vor vier Jahren den Aktiven das Signal zu mehr Mut zu Fantasie und Abwechslungsreichtum gegeben und haben mit ihrem Ausdruckstanz "Bolero" Zuschauer begeistert und Preisrichter überzeugt. Nun gingen auch ihre Nachfolger aus der Sowjetunion, Bestemianova/Bukin, in ihren "Polowetzer Tänzen" und

UNSTLAUF

entsprechender Kostümierung ähnliche Wege... und wurden erstmals auch Olympiasieger. An den Europameisterschaften in Prag machten die noch avantgardistischer laufenden französischen Geschwister Duchesnay mit ihrem "Dschungel-Tanz" Furore und taten sogar einen Sprung vom fünften auf den Bronzemedaillenplatz. Doch die olympischen Preisrichter banden die Franzosen für ihre mit zahlreichen ungewohnten Bewegungsabläufen und schwierigen Schrittfolgen mit kontroversen Wertungen für den künstlerischen Eindruck von 5,0 bis 5,8 auf den achten Platz zurück. Zu viele Regelverstösse, hiess es.

DEBBIE THOMAS ZEIGTE NERVEN

Die Father-Bauer-Halle war mit 1500 Zuschauern morgens um halb acht fast vollbesetzt, als die 31 Teilnehmerinnen aus 23 Ländern ihren achtstündigen Pflichtwettkampf begannen. Das Interesse galt natürlich vor allem den beiden Favoritinnen für das Gold – Katarina Witt (DDR, Olympiasiegerin 1984 und dreifache Weltmeisterin) und der amerikanischen Meisterin Debbie Thomas, der es in Genf vor zwei Jahren gelungen war, Katarina Witt den WM-Titel wegzuschnappen. Auch der Kanadierin Elisabeth Manley traute man ein gutes Ergebnis zu. Katarina Witt, oft in ihren Pflichtfiguren überbewertet, brachte diesmal die Leistungen, die den hohen Noten entsprachen. Sie bedeuteten für Katarina Witt einen sicheren dritten Pflichtrang. Debbie Thomas zeigte in den drei Pflichtfiguren erneut eine solide Leistung und nahm, wie an den letzten zwei Weltmeisterschaften, den zweiten Platz ein... denn "Miss Pflicht", Kira Ivanova aus Moskau, war auch in Calgary eine Klasse für sich und gewann diesen ersten Teil des Damenwettbewerbs klar. Der 21.Pflichtrang der Olympia-Debütantin Stefanie Schmid entsprach dem Können der in den USA lebenden Schweizerin.

Das Kurzprogramm wurde nur von sieben Läuferinnen ohne Zwischenfall absolviert. Der Zwang – in der Kombination dreifach springen zu müssen, um "dabei" zu sein – führte einmal mehr zu einem Sturzfestival. Beeindruckend waren die Leistungen von Midori Ito (Japan) und Simone Koch, der DDR-Kronprinzessin, die sich nach Pflicht und Kurzprogramm zu Recht unter den ersten zehn wiederfanden. Der Zufall führte Regie, denn die ersten drei des Pflichtprogramms hatten hintereinander zu laufen. Katarina begann den nervenaufreibenden Kampf. Sie legte ein perfektes Kurzprogramm mit dreifachem Toelopp und Doppelrittberger hin und faszinierte durch Leichtigkeit der Ausführung der sieben vorgeschriebenen Elemente. Acht Mal leuchtete die 5,9 in der B-Note für die Ausführung auf!

Dann kam Kira Ivanova. Sie blieb sich selber treu – einmal mehr versagten ihre Nerven – Sturz und aus der Traum von einer olympischen Medaille! Knisternd die Spannung im Stadion, als – unter Riesenapplaus – Debbie Thomas aufs Eis kam. Die athletische Debbie meisterte alle Hürden dieser schweren Prüfung ebenfalls mit Bravour und ohne Probleme, wirkte aber vielleicht etwas weniger gelöst als ihre Hauptgegnerin. Vier Mal 5,8, drei Mal 5,7 und ein Mal 5,6 in der B-Note löste beim Coach McGowan Kopfschütteln und beim Publikum ein Buh-Konzert aus. Katarina gewann das Kurzprogramm vor Debbie Thomas und Elisabeth Manley, die mit einem ebenfalls fehlerfreien Vortrag vom Pech der Ivanova profitierte und nun Chancen auf die Bronzemedaille hatte. Die Kür musste – wie bei den Herren – über die Medaillenvergabe entscheiden.

Stefanie Schmid ihrerseits profitierte vom allgemeinen Stürzen, patzte die Kombination, lag aber dennoch mit Rang 20 einen Platz besser als nach der Pflicht. Am Schlusstag zeigte sie ein nahezu fehlerfreies Programm und hievte sich mit der zwölftbesten Kür auf den von ihr kaum erwarteten 15.Schlussrang. Eine wirklich ausgezeichnete Leistung für die nur als Ersatz für die verletzte Claudia Villiger nominierte Zweite der Schweizer Meisterschaft!

Der Kampf um die Medaillen entwickelte sich zum spannungsgeladenen Hitchcock-Finale. Katarina Witt mimte eine überzeugende "Carmen" – mit viel Ausstrahlung und technisch nahezu perfekt. Mit einer Ausnahme: Sie sprang ihren dreifachen Rittberger nur doppelt und gab damit ihrer Gegnerin einen Trumpf in die Hand. Alles war offen! Dann lief zuerst Elisabeth Manley – mit gewaltiger Unterstützung der 20000 Zuschauer – die Kür ihres Lebens. Der verdiente Lohn: Die Silbermedaille! Keine Chance hatte die Pflicht-Königin Ivanova, dem Energiebündel Manley die Bronzemedaille streitig zu machen, denn die Moskauerin versagte auch in der Kür. Debbie Thomas' Trainer McGowan musste doch die kleine Schwäche der Katarina gesehen und seiner Läuferin als zusätzliche Motivation mitgeteilt haben... doch Debbie war dem Erwartungsdruck nicht gewachsen. Drei gravierende Fehler in ihrem schwierigen Programm mit vier Dreifachen machten es den Preisrichtern leicht. Auch in der Ausstrahlung glich Debbie Thomas einem sich verdunkelnden Stern. Entsprechend fielen auch die B-Noten aus. Katarina Witt's "Carmen" war eindrucksvoller, stärker. Der geschlagenen Debbie blieb nur die Bronzemedaille. Nach der enttäuschenden Silbermedaille durch Orser, löste die mit der besten Kürleistung eroberte Silbermedaille von Elisabeth Manley in Kanada die grösste Begeisterung aus.

Die Hebefiguren gehören immer wieder zu den Höhepunkten der Paarlauf-Kür. Da sind Leichtgewichte von Partnerinnen gefragt, wie die Sowjetrussin Ekaterina Gordeeva, die hier von ihrem Kollegen Sergei Grinkov in der Luft herumgewirbelt wird. Der Lohn für das Risiko: Olympisches Gold vor der permanenten Rekordkulisse im Saddledome.

125

126

Paarlauf an der Grenze des Möglichen, des Machbaren: Im Kampf um die begehrten Medaillen zählt das Risiko nur, wenn es die Perfektion der Kür nicht sabotiert, – Sicherheit begrenzt das Wagnis. Zwei Paare erfüllten diese Voraussetzungen und damit sich selbst auch gehegte Medaillenträume: Elena Valova und Oleg Vassiliev aus der Sowjetunion (gelbes Dress) eroberten Silber, das US-Paar Jill Watson/Peter Oppegard (oben, in Rot) blieb die bronzene Auszeichnung.

128

Das Eiskunstlaufen der Männer geriet zum Zweikampf der "Brians" Orser – Boitano. Der Amerikaner Boitano (oben, zweites Bild von rechts) gewann das Duell zum Leidwesen der Kanadier knapp, – es wäre die erste (und einzige!) Goldmedaille für die Gastgeber gewesen...

130

Das Duell zwischen dem US-Star Debi Thomas (links) und der DDR-Eisprinzessin Katharina Witt (Mitte) liess schliesslich die Kanadierin Elizabeth Manley (rechts) platzen. Aber "the Witt" blieb ganz oben...

"Dirndl-Dance" der Westdeutschen Becherer/ Becherer (9.)...

...und dramatische Siegerpose bei Bestemianova/ Boukine (UdSSR), den Goldgewinnern im Eistanz.

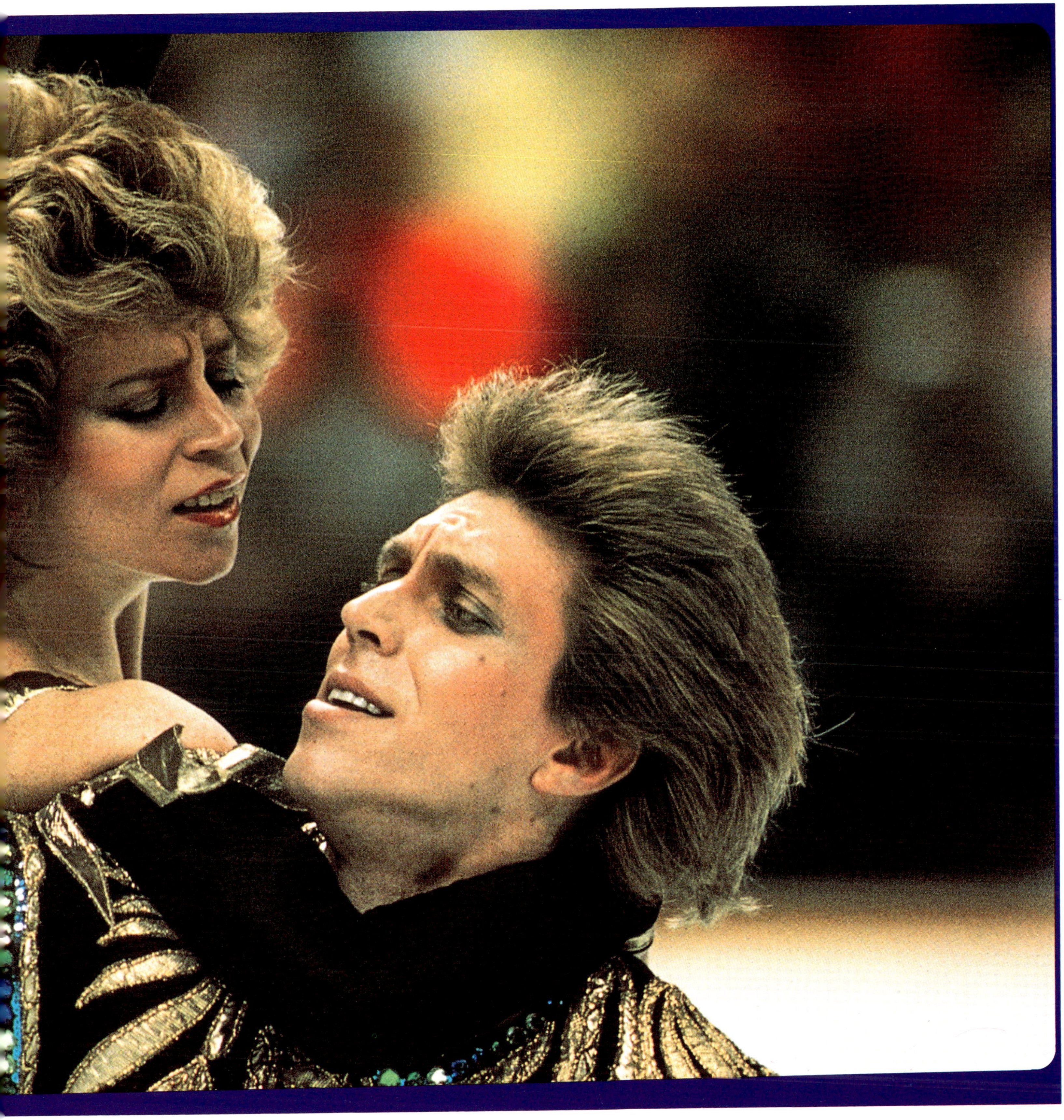

Mal links, mal rechts, – mal hoch das Bein! Eistanz-Silber gab's für Klimova/Ponomarenko (Mitte); Bronze blieb Wilson/McCall aus Kanada (links).

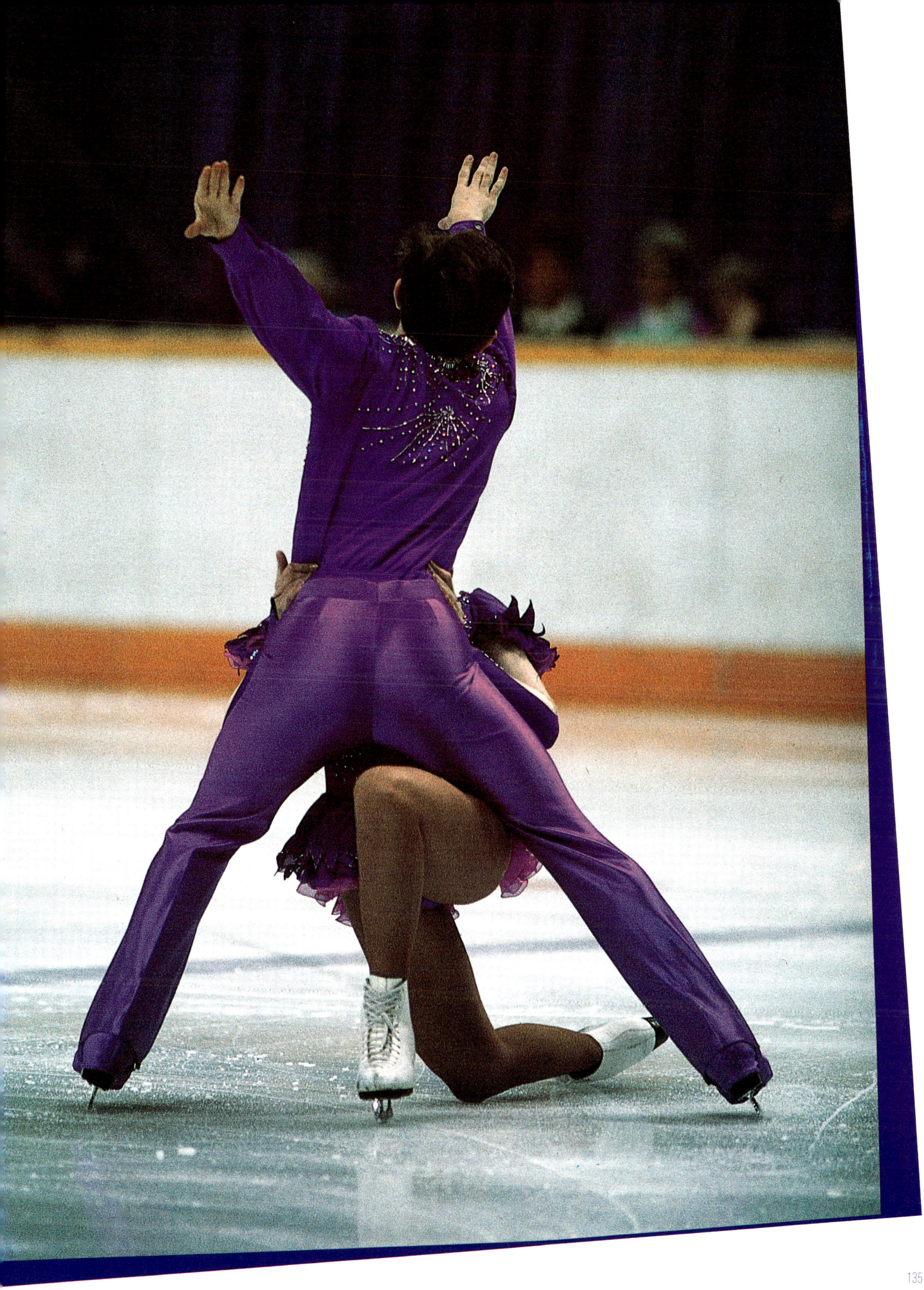

Von Sandra STEVENSON

FRAUEN SIND GLEICHBERECHTIGT

Zum ersten Mal fanden die Eisschnellauf-Wettbewerbe in einem überdachten Stadion statt, im "Olympic Oval", das im April 1987 mit einem Kostenaufwand von 39,9 Millionen kanadischen Dollars fertig gebaut worden war. Kaum verfügbar, waren die 4000 Sitzplätze für sämtliche Disziplinen ausverkauft.

Die Olympischen Winterspiele 1988 brachten den Frauen endlich die sportliche Gleichberechtigung. Mit den neu im Olympia-Programm figurierenden 5000m wetteiferten nun die Damen wie die Männer um fünf Medaillensätze. Gold wurde insgesamt zehnmal vergeben.

In Nordamerikas erstem überdachten 400m-Eisschnellauf-Oval war man nicht mehr unerwünschten Wetterkapriolen mit Schneefällen, Wind und unterschiedlichen Eistemperaturen – wie 1984 in Sarajewo – ausgesetzt. Wen wunderts, dass bei diesen idealen Bedingungen die olympischen Rekorde von 1980 einer nach dem andern unterboten wurden?

REKORDE UND STÜRZE

26 der 37 Athleten unterboten auf der 500m-Distanz Eric Heidens Olympiarekord von 38,03! Jens-Uwe Mey aus der DDR flitzte gar in 36,45 Sekunden durch die eine und eine Viertelsrunde, um eine Zehntelsekunde schneller als der Amerikaner Nick Thometz bei seinem Weltrekord im März 1987 im holländischen Heerenveen.

Thometz lief zwar mit um die Wette, aber er landete nur auf Platz 8. Mey holte auf den Silbermedaillengewinner Jan Ykeme (NL) einen Vorsprung von 4,22m heraus. Der Holländer seinerseits vermochte den Dritten, den Japaner Akiro Kuroiwa, um eine einzige Hundertstelsekunde zu distanzieren.

Auf kurzen Strecken ist technisches Können besonders wichtig, auf schnellem und gepflegtem Eis erst recht. Drei Läufer, unter ihnen der eine Woche zuvor erkorene Sprint-Weltmeister Dan Jansen, stürzten. Solches passiert dem Amerikaner gewöhnlich selten. Für diesen Ausrutscher musste man Verständnis haben: Jansens 27jährige Schwester war acht Stunden vor dem Rennen an Leukämie gestorben.

GUSTAFSONS FULMINANTER ENDSPURT

Mit einem fulminanten Endspurt, den er später als "die besten 100 Meter meines Lebens" bezeichnete, sicherte sich der Schwede Tomas Gustafson wie in Sarajewo die Goldmedaille über 5000m. Seine Siegerzeit: 6:44,63. Gustafson, der Silbermedaillen-Gewinner Leo Visser und der Dritte, Gerhard Kemkers (beide Holland) verbesserten in dieser olympischen Prüfung die bisherige offizielle Weltrekordmarke, die Visser im Februar 1987 in Heernveen neu gesetzt hatte. An die Zeit des Norwegers Geir Karlstad im Dezember 1987 (knapp eine Sekunde schneller, aber als Rekord noch nicht homologiert) kam indessen keiner der Medaillengewinner heran. Und wenn schon von Rekorden die Rede ist: 29 der 38 Athleten liefen schneller als Eric Heiden in Lake Placid 1980, vier erzielten neue Landesrekorde.

Leo Visser musste vor Gustafsson ins Rennen gehen. Der Schwede kannte also jene Limite, die über Erfolg oder Misserfolg entscheidend war. Er nutzte seinen Vorteil.

NIKOLAI GULIAEVS RACHE!

Im 1000m-Rennen der Männer gelang es Nikolai Guliaev aus der Sowjetunion, dank neuer Weltrekordzeit von 1:13,03, den Sieger über 500m, Mey, knapp in Schach zu halten. Die bisherige Bestzeit (1:13,08) seines Landsmannes Pavel Pegov, 1983 in Medeo im Ural-Gebirge gelaufen, hielt respektable fünf Jahre. Um Guliaev gab es in der letzten Saison einigen Wirbel. Mit seinem Olympiasieg in Calgary erteilte er seinen Kritikern eine Lektion. Der norwegische Verband hatte ihn beschuldigt, einem norwegischen Athleten anabolische Steroide überreicht zu haben. Weil Guliaev erklärte, vom zweifelhaften Wert seines "Geschenks" nichts zu gewusst zu haben, liessen die Verbands-Juroren Gnade vor Recht ergehen und Guliaevs Start im "Olympic Oval" zu.

Bronze eroberte auf dieser Distanz, 0,08 Sekunden hinter Mey, Igor Geleznovsky (ebenfalls UdSSR). Eine weitere Schlappe mussten die US-Läufer einstecken: ihre Hoffnung, Dan Jansen, rutschte nach vielversprechender 600m-Zwischenzeit aus der Bahn...

WIEDER GOLD FÜR DIE DDR

Welch spannender Verlauf der 1500m-Entscheidung der Herren! Zum Jubel der Fans aus den USA lief Eric Flaim neuen Weltrekord, aber damit war die olympische Krone noch nicht vergeben. Dreizehn Minuten darauf flitzte Andrey Hoffmann aus der DDR in 1:52,06 über die Ziellinie, 0,06 Sekunden schneller als Flaim, dem immerhin die Silbermedaille blieb.

Schon sechsmal insgesamt gewannen Damen aus der Deutschen Demokratischen Republik olympisches Gold. Mit Jens-Uwe Mey und Hoffmann sind in der Liste der Eisschnellauf-Olympiasieger seit Calgary'88 auch die DDR-Männer vertreten.

In diesem Rennen ging für den Österreicher Michael Hadschieff der Traum von einer olympischen Medaille ebenso in Erfüllung: Bronze vor dem besten Sowjet, Igor Geleznovsky!

UND WIEDER GUSTAFSON!

Tomas Gustafson, 28jährig, wohnhaft in Eskilstuna, einer Kleinstadt in Mittelschweden, bleibt auf den langen Distanzen die Nummer 1. 25 Runden sind eine harte Prüfung: Gustafson kämpfte mit eisernem Siegeswillen. Nach 13 Minuten und 48,2 Sekunden stoppten die Uhren – kein anderer Konkurrent vermochte Tomas sein zweites Gold zu entreissen. Michael Hadschieff, der Zweite, zeigte sich über sein zweites Edelmetall hoch zufrieden, Leo Visser gewann dieses Mal die Bronzemedaille.

Für einen anderen Favoriten, den vor Calgary die Bestzeit haltenden Geir Karlstad, endete dieser Wettbewerb mit einer Ernüchterung: Der Norweger stürzte in der ersten Kurve der 18.Runde und gab entmutigt auf. Seit seinem elften Lebensjahr sei er in einem Wettkampf noch nie auf diese Weise ausgeschieden. Karlstad ist 27jährig. Und noch ein Unglücklicher: Flaim, der Silbermedaillen-Gewinner über 1500m, musste über 10000 erneut mit Platz vier Vorlieb nehmen, wie bei der 1000m- und der 5000m-Konkurrenz.

BONNIE BLAIR – FÜR DEN EISSCHNELLAUF GEBOREN

Als erste Läuferin seit 1976 holte die 23jährige Bonnie Blair im 500m-Sprint Gold für Amerika – und zwar in der fabelhaften Weltrekordzeit von 39,10 Sekunden! Damit verdrängte sie die hochfavorisierten DDR-Stars Christa Rothenberger (Olympiasiegerin 1984) und Karin Kania (Olympiasiegerin 1980) auf die Plätze 2 und 3. Aber sowohl Rothenberger (39,12) als auch Kania (39,24) unterboten die bisherige Rekordmarke von 39,43 deutlich.

Bonnie Blair war das Talent zum Eisschnellauf gewissermassen in die Wiege gelegt worden. Schon ihre fünf älteren Geschwister waren in diesem Sport aktiv. Kurz vor Bonnies Geburt brachte der Vater ihre Mutter ins Krankenhaus, ging darauf zur Eisschnellaufbahn, um dort bei einem Wettkampf als Schiedsrichter zu amtieren. Über den Platzspeaker vernahm Vater Blair die Ankunft der kleinen Erdenbürgerin...

YVONNE VAN GENNIP ZUM ERSTEN!

Im Dezember kam sie um eine Fuss-Operation nicht herum, zwei Monate darauf sicherte sie sich olympisches Gold auf der 3000m-Strecke in neuer Weltrekordzeit von 4:11,94. Die Holländerin Yvonne van Gennip entthronte damit überraschend die amtierende Weltmeisterin aus der DDR, Andrea Ehrig. Den DDR-Läuferinnen blieben auch die weiteren Ehrenplätze: Bronze für Gabi Zange und Platz 4 für Karin Kania, die zuvor in Fachkreisen als Anwärterin auf fünf Olympia-Medaillen gehandelt worden war.

TEILZIEL FÜR ROTHENBURGER

Gold über die 1000m der Damen gewann Christa Rothenburger. Die Ostdeutsche erreichte damit aber "nur" ein persönliches Etappenziel: Sie will in Seoul dabei sein und im Rad-Sprint ebenfalls die "Goldene" holen. Bereits DDR-Meisterin und Ex-Weltmeisterin in dieser Sparte, werden die Chancen, dass ihr dieses "Double" gelingen könnte, als aussichtsreich beurteilt. In der Geschichte der Olympischen Spiele der Neuzeit eroberte bisher erst ein Mensch sowohl im Sommer als auch im Winter Olympia-Gold: Eddie Egan, 1920 im Boxen und 1932 im Bobrun.

Um fünf Hundertstelssekunden schneller, und Karin Kania hätte ihrer Teamkollegin einen Strich durch die Rechnung gemacht. Dennoch konnte sie an diesem Tag die Aufmerksamkeit aller geniessen. Mit ihrem Silber steigerte sich Karin Kania zur "meistdekorierten" Olympia-Athletin im Eisschnellaufen. 1960 und 1964 gewann Lydia Skobikova (UdSSR) insgesamt sechsmal Gold. Nun übertraf Kania diese Sammlung mindestens quantitativ um eine weitere Einheit! Ihre bisherige "Beute": Gold 1984 über 1000m und 1500m, 1980 über 500m, Silber 1984 über 500m und 3000m, 1988 über 1000m, Bronze 1988 über 500m.

Nach ihrem 500m-Gold holte die Amerikanerin Bonnie Blair in diesem Rennen als Dritte in 1:18,31 eine weitere Medaille.

VAN GENNIP ZUM ZWEITEN!

1500m – die erste Entscheidung bei den Damen ohne Weltrekord! Nichtsdestotrotz musste auch hier Sonderleistungen bringen, wer mit olympischen Ehren bedacht werden wollte: Mit ihren 2:00,82 unterbot Yvonne van Gennip ihre vormalige persönliche Bestzeit um beachtliche 3,84 Sekunden. Karin Kania benötigte für diese Distanz 0,14 Sekunden mehr – wieder Silber, und ihre achte Medaille! Dabei hatte sie vor dem Wettkampf wegen einer Halsentzündung gar erwogen, Forfait zu erklären. Karin Kania will nach den Weltmeisterschaften 1988 ihre überaus erfolgreiche Aktivkarriere abschliessen. Eine Chance für Andrea Ehrig (DDR), die in 2:01,49 die bronzene Auszeichnung herauslief?

VAN GENNIP ZUM DRITTEN!

Die gleichen Athletinnen in gleicher "Hierarchie" wie bei den 3000m zierten nach der 5000m-Prüfung der Damen das Siegerpodest. Yvonne van Gennip realisierte in 7:14,3 einen neuen fantastischen Weltrekord, ihre Bestzeit aus dem Monat März 1987 um 6,23 Sekunden unterbietend. Wie Matti Nykäenen im Skispringen wurde die sympathische Yvonne als dreifache Olympiasiegerin und Star der Spiele von Calgary gefeiert und von den Medien umworben. Yvonne van Gennip distanzierte Andrea Ehrig um 2,99, Gabi Zange um 4,49 Sekunden!

138

Eisschnellaufen, – auch ein Festival der Stürze!
Wenn die Muskeln der Läufer übersäuert sind,
lässt die Koordination der Bewegungsabläufe
rasch zu wünschen übrig.

Hollands Visser gewann Silber über 5000m – ein weiterer Erfolg für die kleine, aber hochspezialisierte Eislauf-Nation der Niederlande.

Weltrekord und Gold für Schwedens Gustafson über die 5000m-Marathondistanz.

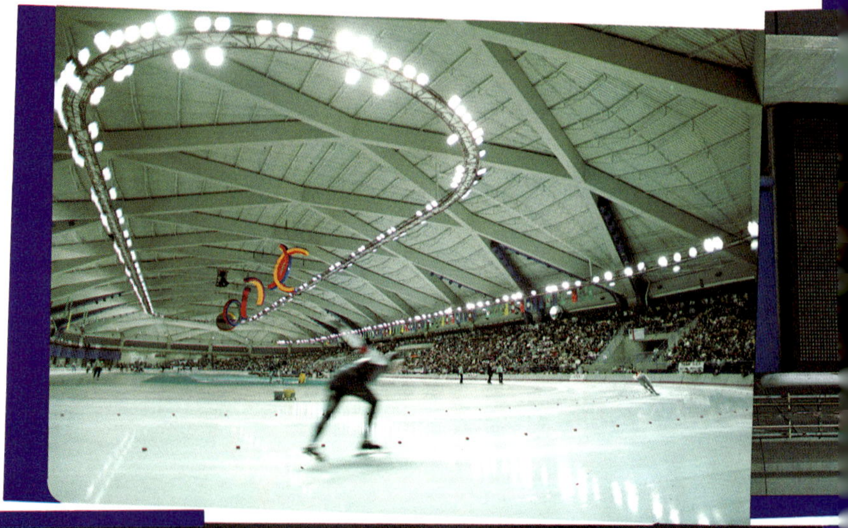

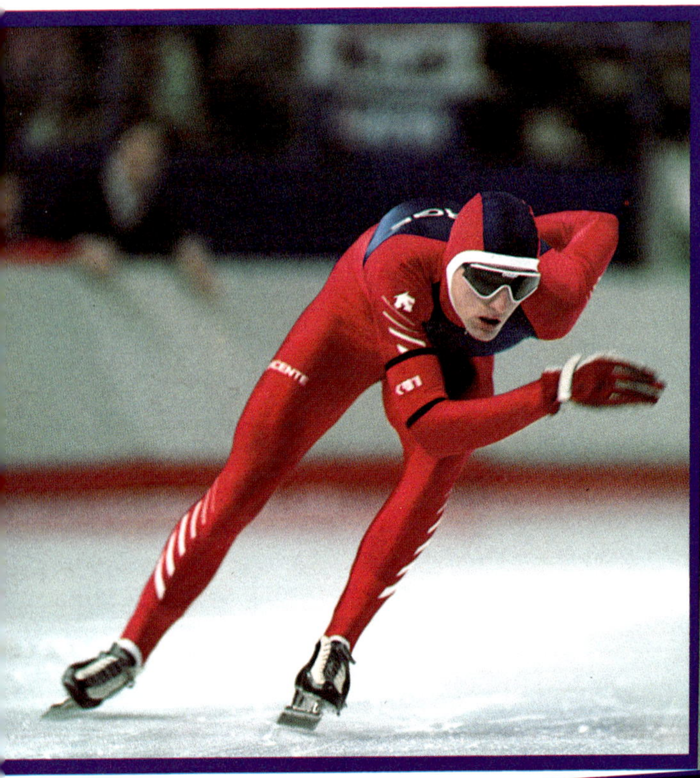

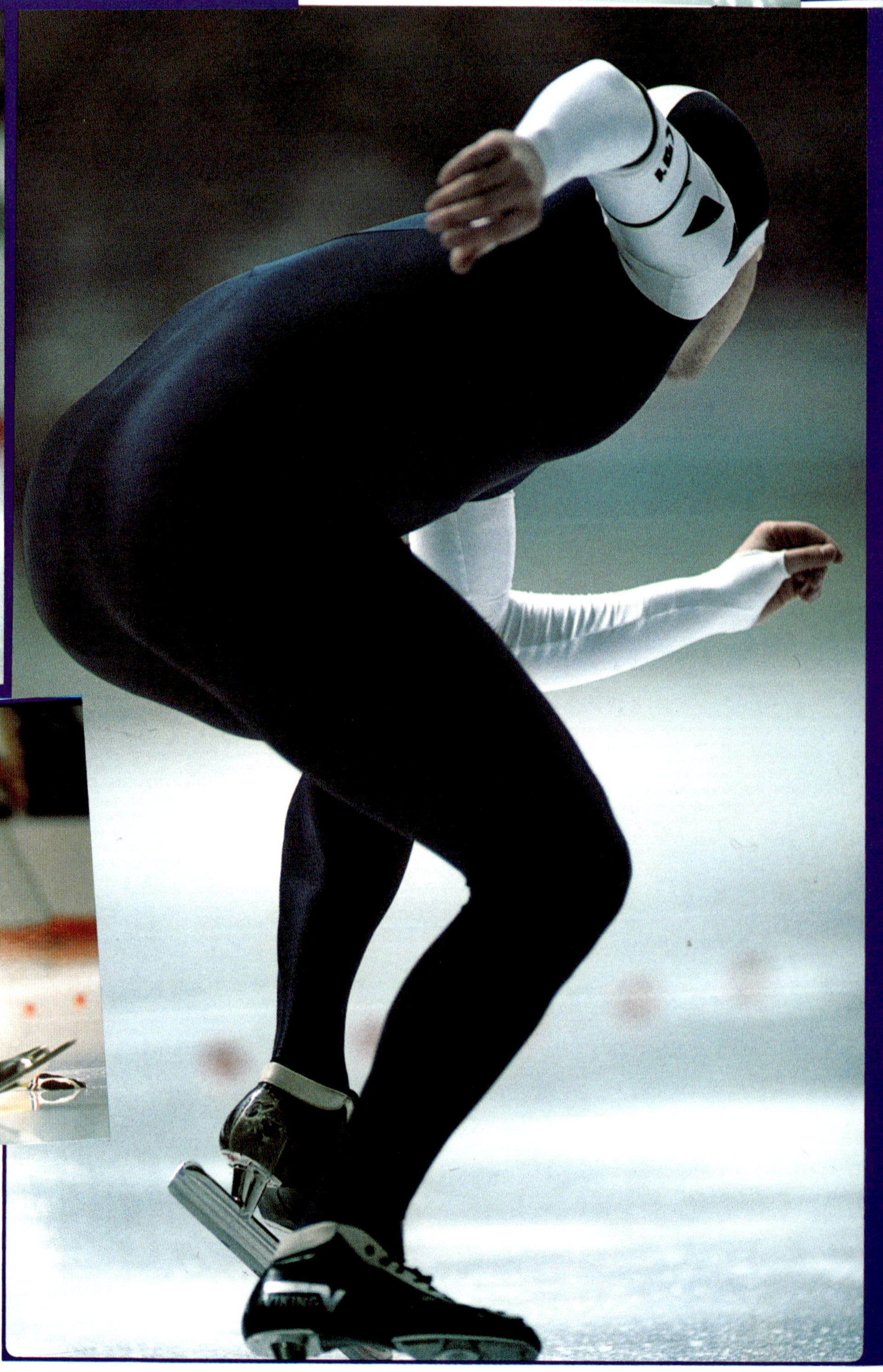

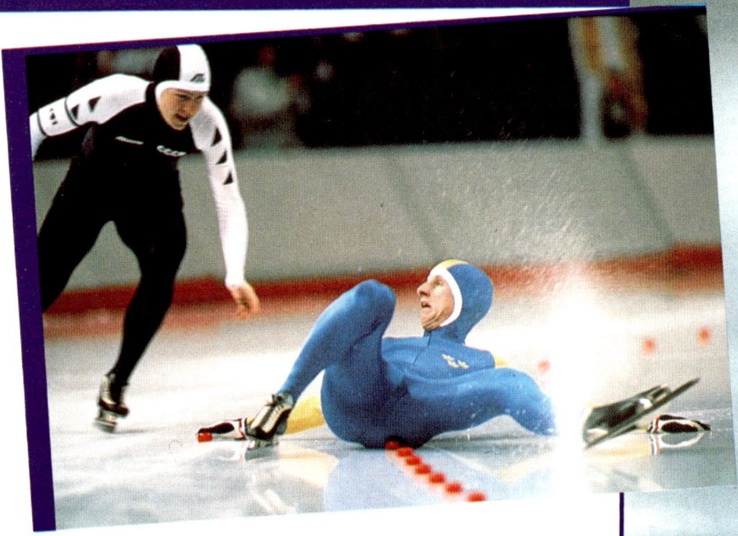

"World record!" In Calgary der Dauerbrenner...

143

Endlich Jubel für die US-Athletin Blair über 500 m; die grosse DDR-Favoritin Kania (unten) und natürlich auch die gesamte exotische Konkurrenz blieb geschlagen.

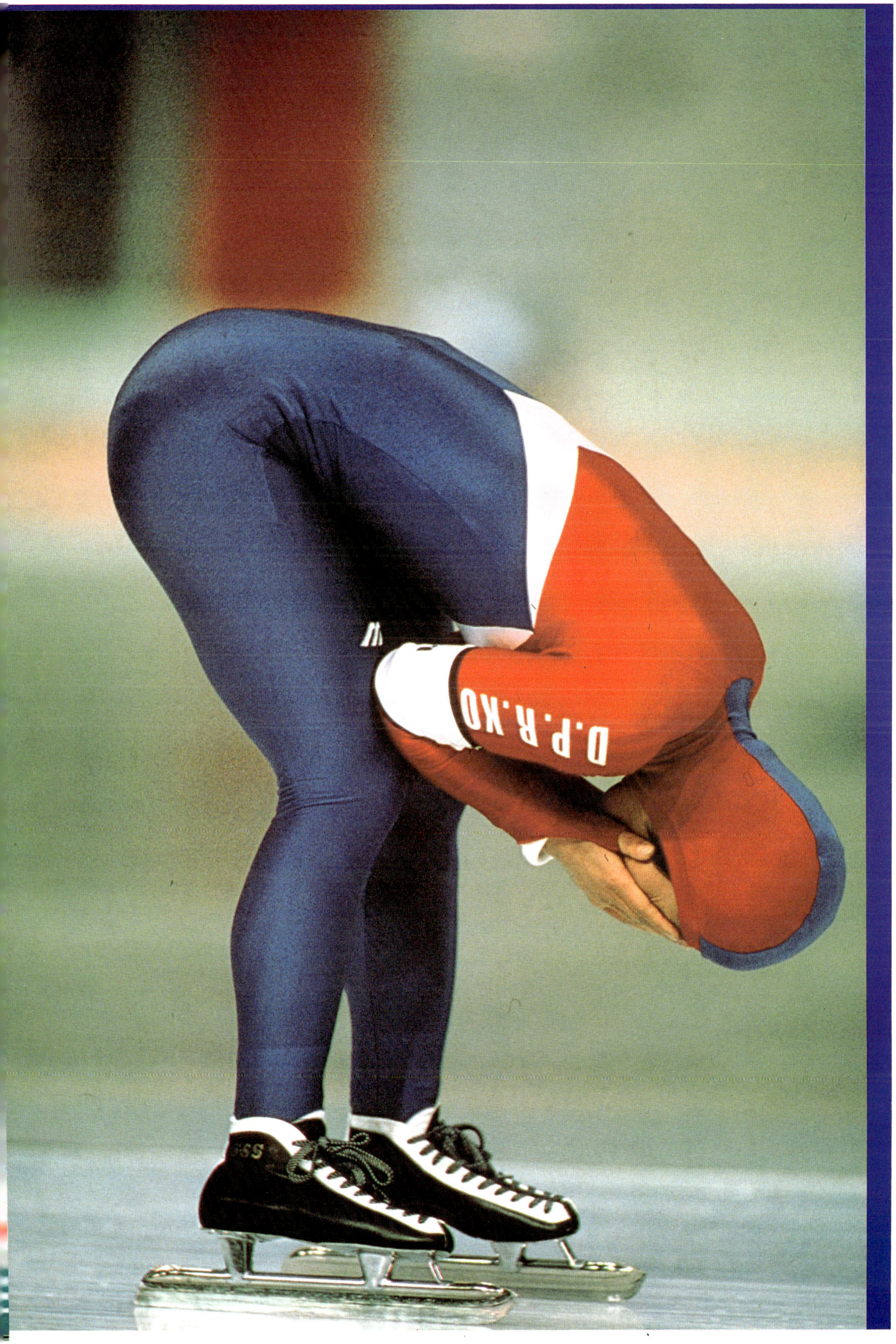
D.P.R.KO

Von Felix ENDÖRICH

DER GROSSE COUP DES EKKEHARD FASSER

Während der "Chinook" und die wechselhafte Bahn im Canada Olympic Parc einen Schweizer Medaillenerfolg im Zweierbob verhinderten, sorgten Ekkehard Fasser, Kurt Meier, Marcel Fässler und Werner Stocker im Viererbobrennen für eine absolute Sensation. Dank Bahnrekord im dritten Lauf und vor allem dank einem phantastischen Entscheidungsdurchgang, schlugen die vier Schweizer, denen zwar eine Medaille zugetraut wurde, DDR-Dominator Wolfgang Hoppe und Zweierbob-Olympiasieger Ianis Kipurs aus der Sowjetunion und gewannen überraschend die Goldmedaille. Erinnerungen an die legendären Olympischen Winterspiele 1972 in Sapporo wurden wach.

ZWEIERBOB-RENNEN UNTER ZWEIFELHAFTEN BEDINGUNGEN

Die Olympischen Zweierbobrennen standen unter einem unglücklichen Stern. Die 42 Boblets bekamen im "Chinook" einen unwillkommenen Konkurrenten, der die Regularität des Rennens in Frage stellte, eine Verschiebung des dritten und vierten Laufes zunächst um einen Tag, dann nochmals um dreieinhalb Stunden erzwang und der vor allem für Diskussionsstoff um den Austragungsmodus von Bobrennen bis hinauf in die höchsten Gremien sorgte.

Obschon das Klassement während der vier Läufe immer wieder durcheinander gewirbelt wurde, lagen in der Endabrechnung schliesslich doch die Favoriten an der Spitze. Die Sowjetunion gewann durch Ianis Kipurs und Vladimir Koslow erstmals eine olympische Bobmedaille, dass es Gold wurde, verdankten sie einerseits ihrer minutiösen Vorbereitung auf Olympia, dann aber auch der Startnummernauslosung und eben dem "Chinook". Denn Ianis Kipurs fuhr nur gerade im zweiten, dem umstrittensten Durchgang, mit einer frühen Startnummer Laufbestzeit. Er distanzierte jedoch seine Konkurrenten, allen voran Wolfgang Hoppe, den Doppel-Olympiasieger von Sarajewo, um mehr als 0,6 Sekunden. Hoppe musste in diesem Durchgang so spät in die von der Sonne aufgeweichte und von Sand bedeckte Spur, dass er gar über 1,2 Sekunden verlor. Die restlichen drei Durchgänge dominierte der Ostdeutsche zwar klar, gewann aber zusammen mit Bremser Bogdan Musiol trotzdem nur Silber. Seine Landsleute Bernhard Lehmann und Mario Hoyer errangen die Bronzemedaille, nachdem sie bei Halbzeit noch zeitgleich mit Hoppe hinter Kipurs auf Platz zwei gelegen hatten.

Etwas unglücklich kämpften die beiden Schweizer Schlitten. Gustav Weder und Donat Acklin, die mit Abstand schnellsten Starter im Feld, belegten zwar den guten vierten Rang, doch Olympiadebütant "Gusti" Weder war vor allem mit seiner Fahrweise nicht zufrieden. Der 26jährige Diepoldsauer Sportlehrer, erst in

BOB

seiner dritten Saison als Pilot, verlor in der unteren Hälfte der 1475 Meter langen Bahn regelmässig Zeit.

Hans Hiltebrand, mit 43 Jahren der älteste unter den 42 Piloten, hätte das letzte Zweierbobrennen seiner Karriere lieber unter besseren Bedingungen abgeschlossen. Am Start verloren er und André Kiser jeweils mehr Zeit als üblich. Im ersten Lauf, als sie mit Startnummer 37 in die Bahn mussten, verloren sie auf Hoppe fast 1,7 Sekunden und klassierten sich auf dem ungewohnten 21. Zwischenrang, noch hinter Monaco 1 mit Prinz Albert am Steuer! Hiltebrand hoffte, diesen Zeitverlust im dritten Durchgang mit Startnummer 5 ausgleichen zu können.

Doch wegen der Verschiebung auf den Nachmittag, der flacheren Sonneneinstrahlung, dem nachlassenden Wind und der zunehmenden Kälte wurde die Bahn ausnahmsweise schneller. Hiltebrand zeigte am zweiten Tag zwar trotz Zeitverlust am Start, zwei einwandfreie Läufe und arbeitete sich vom 13. auf den 6.Rang, nur 0,03 Sekunden hinter dem Österreicher Ingo Appelt, vor. Aber er wetterte am Schluss zu Recht gewaltig. Er hätte seine Karriere lieber mit einer regulären Zweierkonkurrenz abgeschlossen.

Die extremen Windverhältnisse, die einmal mehr im Canada Olympic Park herrschten, gaben Anlass zu grossen Diskussionen und Vorwürfen. Nicht nur die Schweizer, auch Vertreter anderer Nationen zeigten sich enttäuscht über die Haltung des Internationalen Bobverbandes, der sich in keiner Art und Weise hinter die Forderung der Sportler nach fairen Wettbewerbsbedingungen stellte.

DIE SCHWEIZER "GEHEIMWAFFE" SCHLÄGT ZU

Riesenjubel bei allen Schweizer Bobfans im Ziel nach dem vierten Lauf! Der Fasser-Vierer, die Schweizer "Geheimwaffe", hatte gezündet. Der 35jährige Glarner legte den Grundstein zu seinem Olympiasieg bereits im dritten Durchgang, als er die Gunst der frühen Startnummer nutzte, mit 55,88 Sekunden einen neuen Bahnrekord aufstellte und seinem direkten Konkurrenten Hoppe 89 Hundertstelsekunden abnahm. Diese phantastische Leistung brachte den Schweizern eine knappe Führung von 0,16 Sekunden ein, die sie im vierten Lauf gegen Hoppe zu verteidigen hatten, nachdem sie nach dem ersten Tag noch auf dem dritten Zwischenrang klassiert waren. Fasser, Meier, Fässler und Stocker legten im Entscheidungslauf schon am Start eine Fabelzeit von 5,17 Sekunden vor. Mit einer weiteren Superfahrt in der Bahn sorgte Fasser dann endgültig für die Goldmedaille, nur sieben Hundertstel vor dem geschlagenen Ostdeutschen.

Ekkehard Fassers unübliches Vorbereitungsprogramm auf die Olympischen Spiele trug also goldene Früchte. Nach seinem vierten Rang 1984 zog der stille Glarner Bilanz und entschloss sich, mit vermehrtem Einsatz im Materialbereich und vor allem mit einer neuen Mannschaft, das Ziel Olympia 88 anzupeilen. In Werner Stocker und Kurt Meier fand er zwei Hinterleute, die sowohl athletisch als auch mental zu ihm passten, erst zu Beginn des Olympiawinters ergänzte noch Marcel Fässler das homogene Team. Die Vier entschlossen sich, alleine zu trainieren und keine internationalen Titelkämpfe zu bestreiten, sondern Wettkampferfahrung an Weltcuprennen und verbandsinternen Selektionsprüfungen anzueignen und sich so auf ihr grosses Ziel, die erfolgreiche Teilnahme an den Olympischen Spielen vorzubereiten. Die Mannschaft entzog sich so praktisch der Öffentlichkeit und jeglichem Druck. Fassers Geduld und die Taktik des Wartens auf das wichtigste Rennen seiner Karriere hatten sich gelohnt.

Dass die vier Olympiasieger von der Schweizer Mannschaftsleitung fürs Zweierbobtraining freigestellt wurden, erwies sich als weiterer Vorteil. Sie konnten sich so in Calgary in aller Ruhe auf die Viererkonkurrenz vorbereiten und Pilot Fasser hatte genügend Zeit, die Tücken der Bahn und seine Gegner zu studieren. So war Fassers Mannschaft die einzige der 26 gestarteten Viererbesatzungen, die frisch und ohne Wettkampfeinsatz im Zweier zu den abschliessenden Viererrennen antreten konnte.

Mit seinem Olympiasieg beendete Ekkehard Fasser die internationale Laufbahn, genau gleich wie Hans Hiltebrand. Der Dielsdorfer belegte im letzten Rennen seiner erfolgreichen Karriere den neunten Schlussrang. Hans Hiltebrand, Urs Fehlmann, Erwin Fassbind und André Kiser verloren vor allem im zweiten und dritten Lauf wegen ihrer späten Startnummer entscheidend Zeit, sie verpassten einen Diplomrang nur um 14 Hundertstelsekunden.

Enttäuschung herrschte im DDR-Team, das mit Wolfgang Hoppe immerhin den Doppel-Olympiasieger von Sarajevo stellte, sich jedoch mit zwei silbernen und einer bronzenen Auszeichnung zufrieden geben musste.

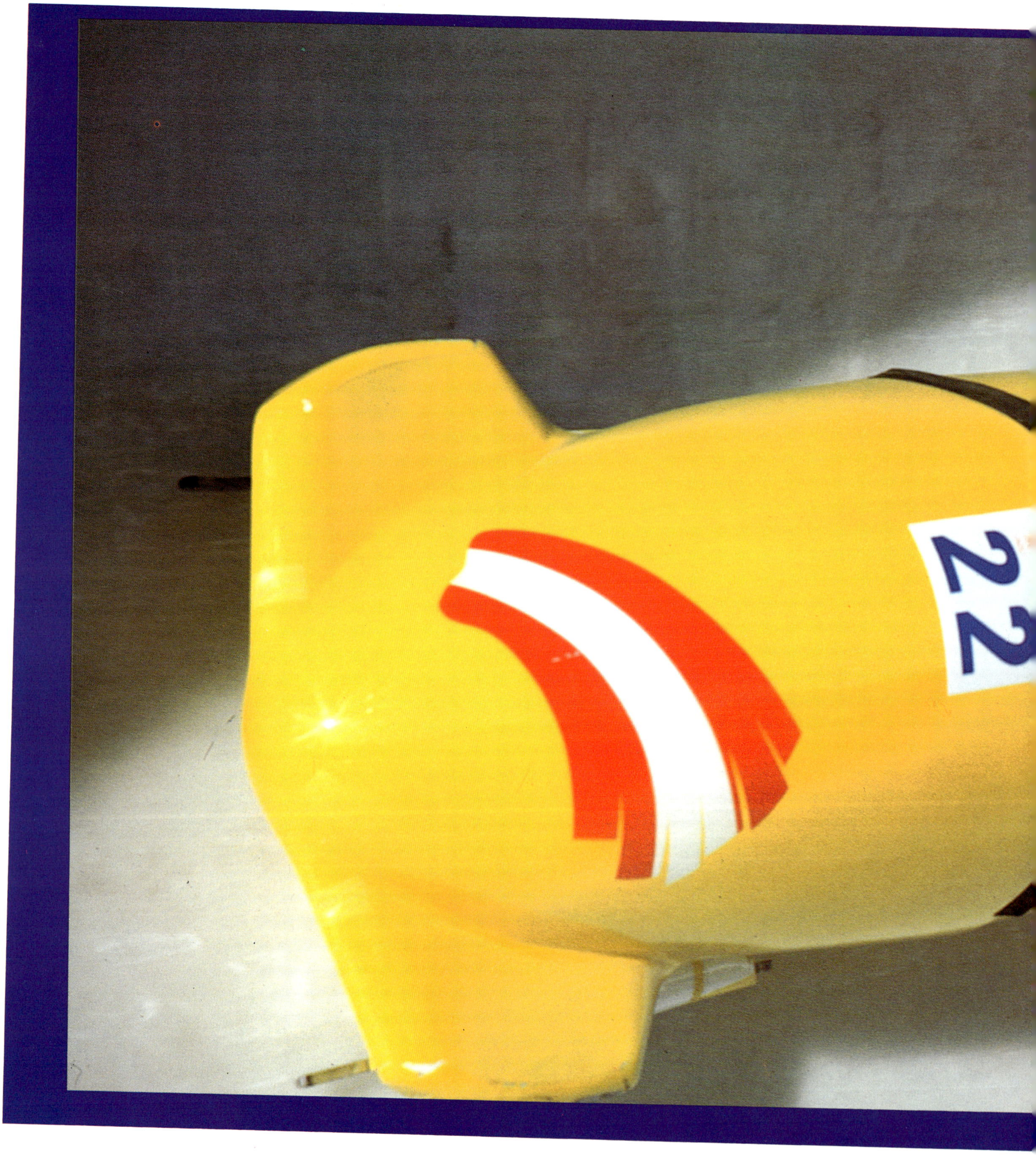
22

Faszination im Bob-Run: Die schnellen Männer in der Eisrinne lockten auch in Calgary die Zuschauer zu Tausenden in den Olympic Park.

Mehr Beachtung als der russische Bob UdSSR II mit Ekmanis/Trops fand natürlich der Schlitten "Monaco I" mit seiner Durchlaucht, Prinz Albert Grimaldi (oben Mitte) am Steuer...

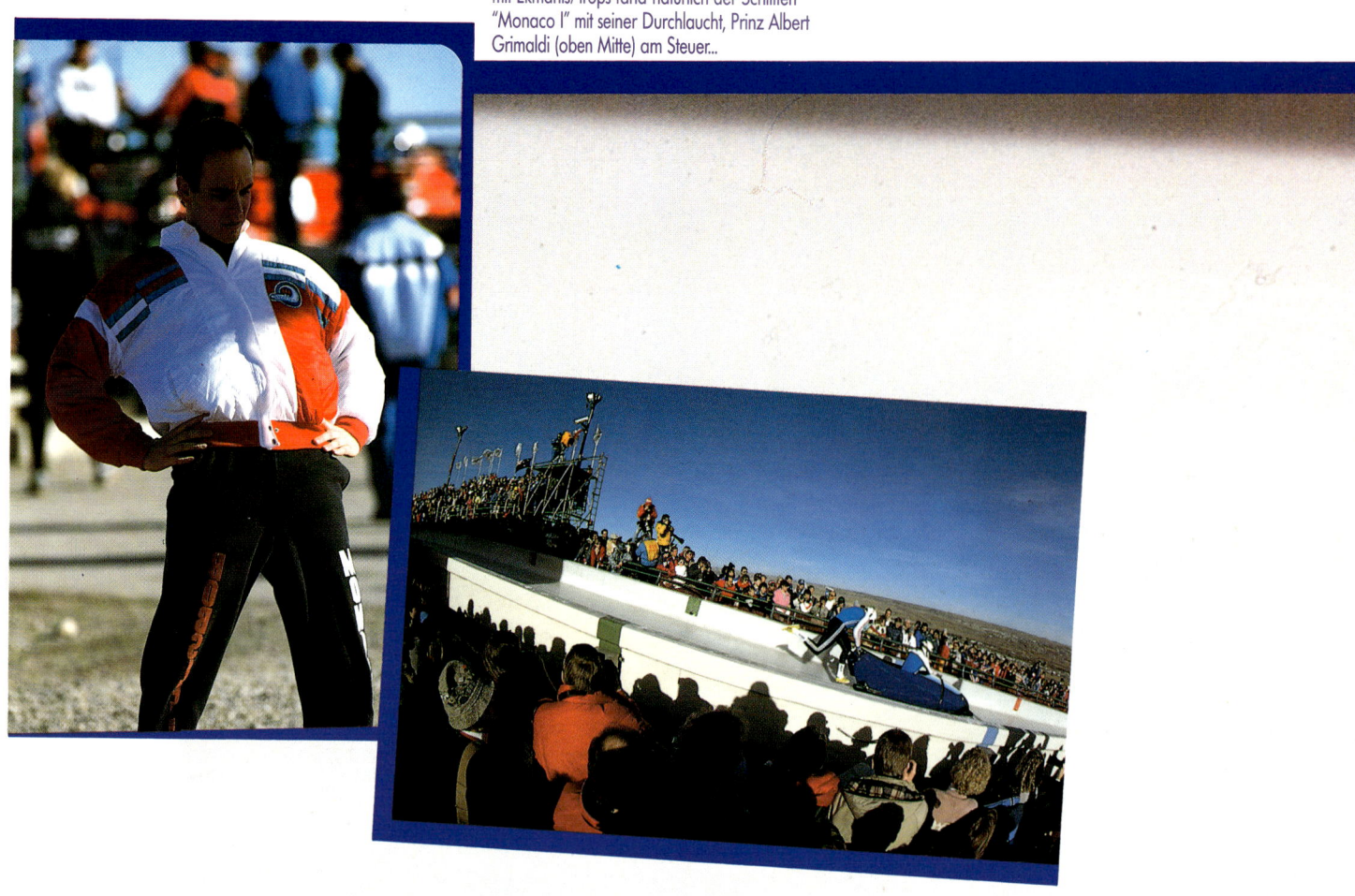

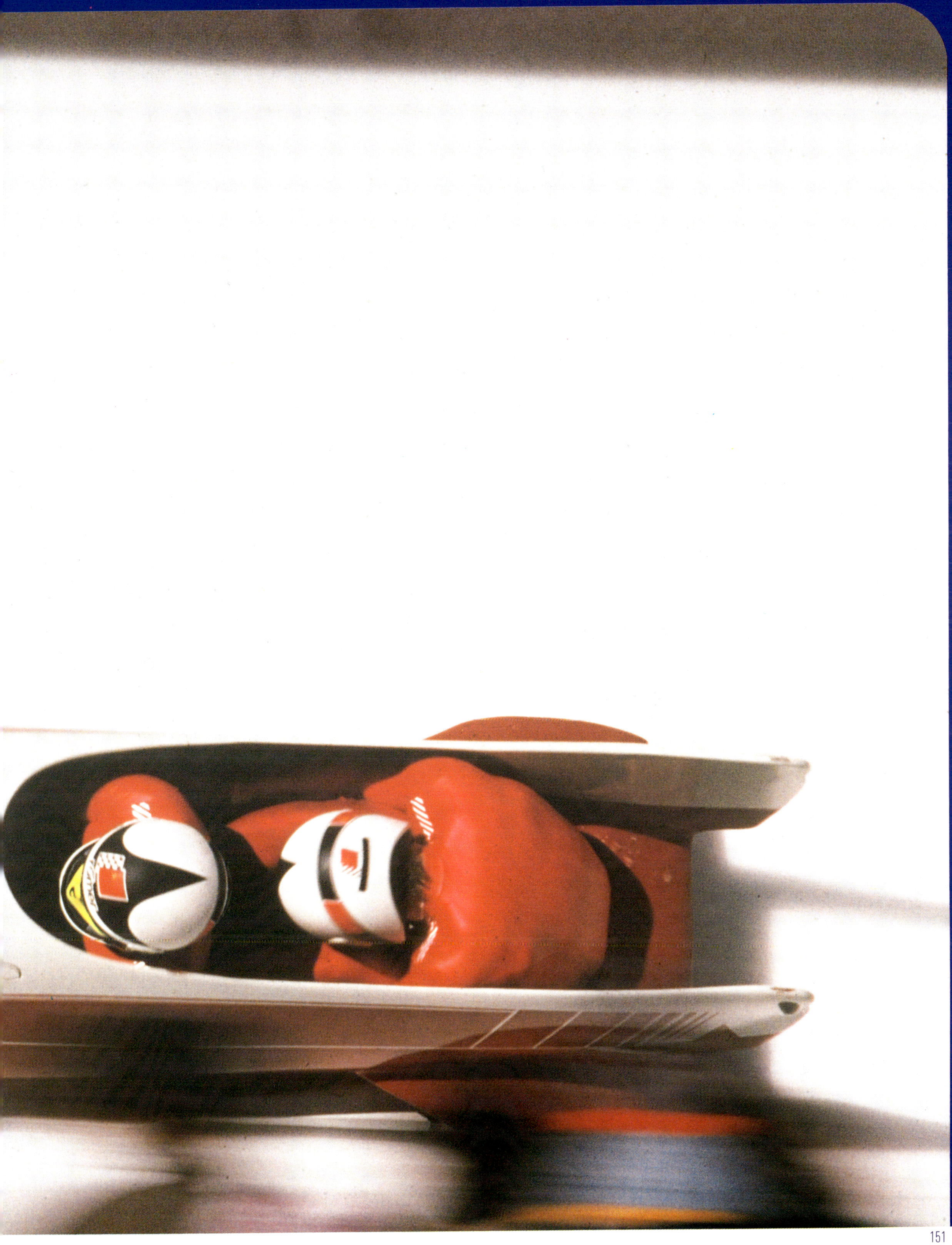

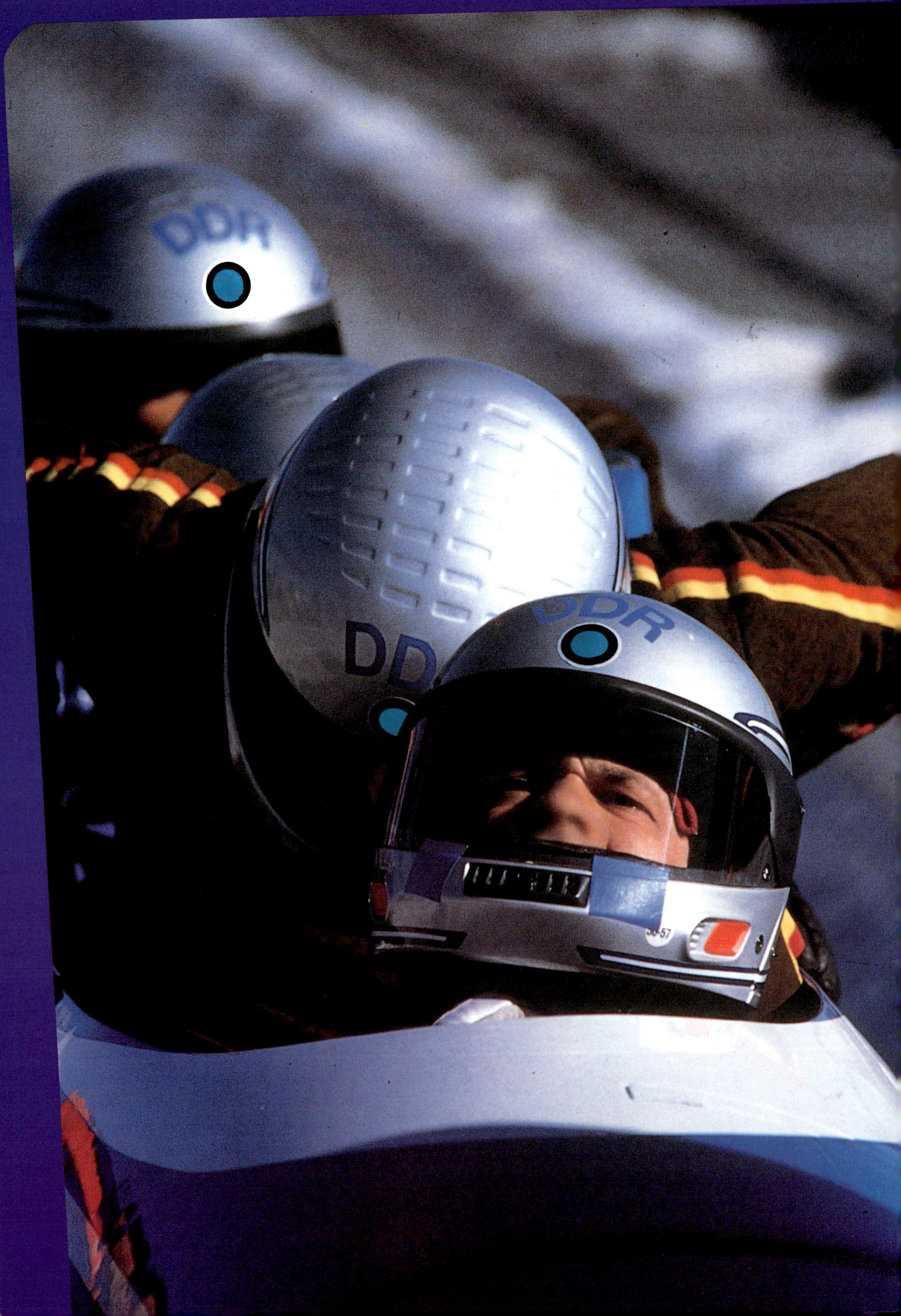
DDR
DDR

Auch Stürze gab's im olympischen Bobrun zu bestaunen. Natürlich gingen diese auf das Konto von unerfahrenen Nationen wie Mexiko und andern. Doch die Lorbeeren holten sich Routiniers wie der DDR-Pilot Wolfgang Hoppe (links).

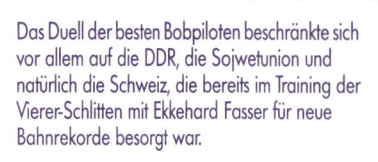

Das Duell der besten Bobpiloten beschränkte sich vor allem auf die DDR, die Sojwetunion und natürlich die Schweiz, die bereits im Training der Vierer-Schlitten mit Ekkehard Fasser für neue Bahnrekorde besorgt war.

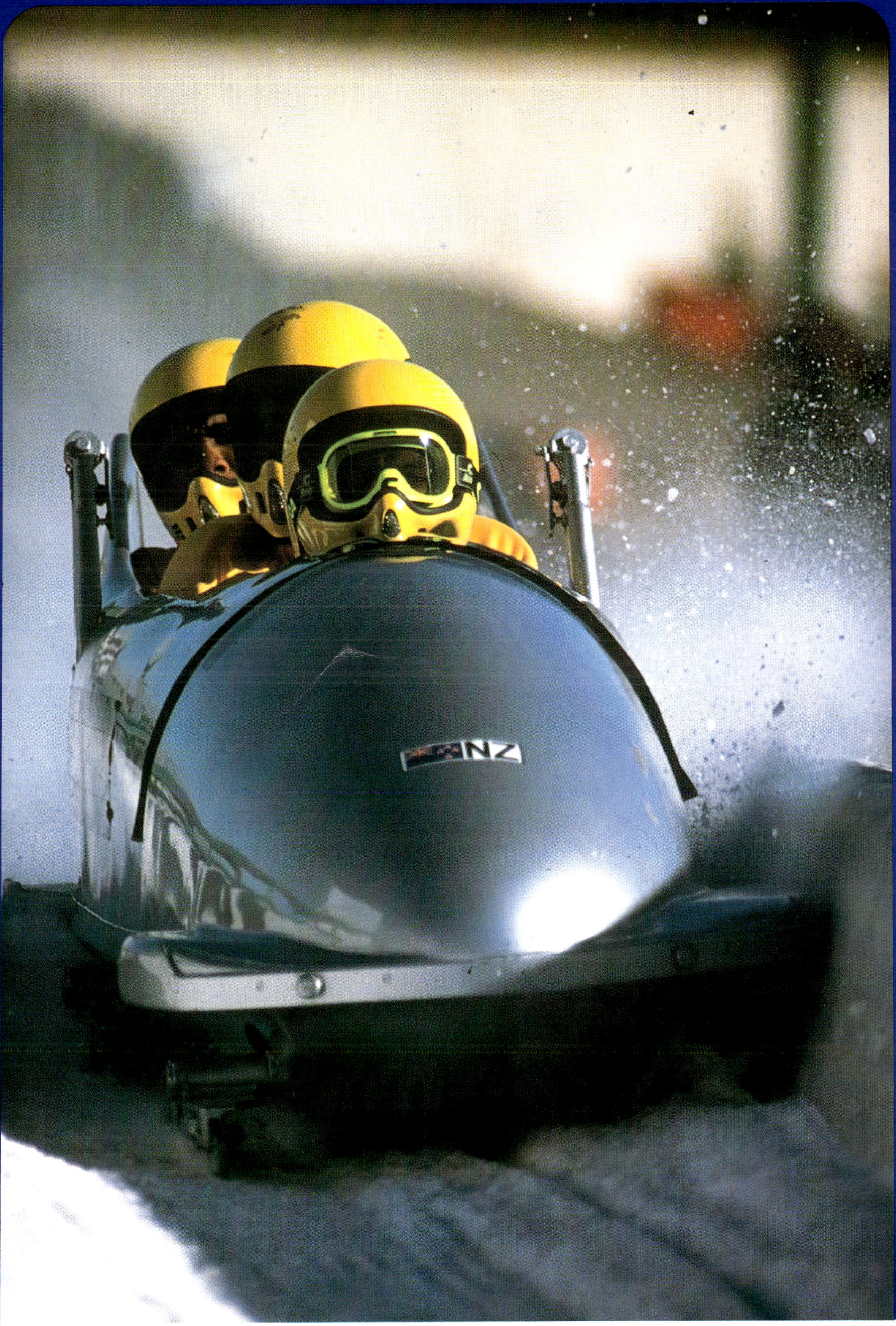
NZ

Von Peter W. BLAKELY

DIE ABSOLUTE DDR-DOMÄNE

Der Schlittelsport erlebte in Calgary eine Sternstunde: Das riesige Zuschauer-Interesse, nicht zuletzt dank den nahe im Olympic Park gelegenen Bahnen, gab dem Stellenwert dieses Sports neue Impulse.

Die grösste Beschickung dieser Sportart in der Geschichte der Olympischen Spiele, mit 22 Nationen und 96 Teilnehmern, sorgte zudem für eine weitere Aufwertung des Schlittelsports, der allerdings immer noch eine absolute Domäne der Kufenkünstler aus der DDR geblieben ist. Nicht weniger als sieben Medaillen blieben so der DDR vorbehalten, das Zünglein an der Waage spielten die Bundesdeutschen.

Calgary hatte sich für die Schlittelwettbewerbe eine Besonderheit einfallen lassen: Die Schlittler fanden im Olympic Park Wettkampfanlagen vor, die mit der Bobbahn kombiniert worden waren.

Über 70000 Zuschauer verfolgten während fünf Tagen diese

SCHLITTELN

Wettkämpfe, die ihren Auftakt mit dem Rennen der Einsitzer nahmen. Gleich der erste Durchgang brachte einen neuen Bahnrekord von 46,300 Sekunden, aufgestellt durch den DDR-Piloten Jens Müller. Es sollte dies die schnellste Zeit des ganzen Wettbewerbs bleiben.

Nach diesem ersten Durchgang führte Müller vor Georg Hackl (BRD) und Juri Kartchenko (UdSSR). Die Abstände fielen reichlich knapp aus: Neun Hundertstelsekunden trennten den Ersten vom Dritten; fünf Zehntelssekunden lag der Zehntplazierte auf Müller zurück...

Auch der zweite Wettkampftag veränderte die Hierarchie an der Spitze nicht. Bei gestiegenen Temperaturen (+4 C) waren deutlich langsamere Zeiten zu registrieren, und Jens Müller blieb zwar der schnellste Mann des Tages, verfehlte jedoch um fünf Hundertstelsekunden seinen Bahnrekord. Mit einer Gesamtzeit von 3:05,916 Minuten hielt er sich jedoch den Bundesdeutschen Hackl und auch Kartschenko knapp vom Leibe.

Klar favorisiert war die DDR auch für den Damen-Wettbewerb. Die Dominanz der DDR fiel denn auch für die Konkurrenz geradezu niederschmetternd aus: Nach dem ersten Wettkampftag führte Steffi Walter vor Ute Oberhoffner und Cerstin Schmidt. Den Grundstein zur sicheren Führung hatte Walter mit einem Streckenrekord von 45,828 Sekunden gelegt.

Heftige Winde am zweiten Tag erzwangen eine Verschiebung des dritten Durchganges und erforderten schliesslich sogar eine eintägige Wettkampfpause.

Der nächste Morgen brachte bei sanftem Wind und strahlendem Sonnenschein perfekte Verhältnisse. Steffi Walter liess nie Zweifel an ihrer Überlegenheit aufkommen und sicherte sich mit einer Gesamtzeit von 3:03,973 Minuten die zweite Goldmedaille für die DDR-Equipe. Ute Oberhoffner auf dem zweiten und Cerstin Schmidt auf dem dritten Rang vervollständigten diesen totalen DDR-Triumph.

Auch für den letzten Wettbewerb, im Herren-Zweisitzer, standen die DDR-Aktien bei weitem am besten. Dennoch sollte sich die Konkurrenz als recht hartnäckig erweisen. Der Zweisitzer-Wettbewerb beschränkt sich auf nur zwei Durchgänge, sodass nach dem Streckenrekord des DDR-Paares Hoffmann/Pietzsch (45,786 Sekunden) kaum mehr Ungewissheit über den nachmaligen Gold-Schlitten herrschte. Auf Platz zwei folgte mit Krausse/Behrendt ein weiteres DDR-Duo; nur knapp fiel der Rückstand für die drittplazierten Sowjets Beloussov/Baliakov aus.

Eine begrenzte Sensation blieb jedoch im zweiten Durchgang den bundesdeutschen Routiniers Schwab/Standinger vorbehalten: Mit einer Superfahrt verdrängten sie noch den Sowjet-Schlitten um 24 Hundertstelsekunden vom begehrten Bronzeplatz. Den letztstartenden DDR-Rodlern war jedoch Gold und Silber wiederum nicht zu nehmen: Hoffmann/Pietzsch vor Krausse/Behrendt lautete schliesslich das klare Verdikt.

Blieb auch das Bild auf den Siegerpodesten durch eine gewisse Monotonie gekennzeichnet, mit der Mehrbeteiligung von Athleten und Nationen erhielt der Schlittelsport doch eine zusätzliche Option für die Zukunft. Die Frage stellt sich höchstens, wie lange die Konkurrenz braucht, um den eindeutigen Vorsprung der DDR (wenn überhaupt möglich...) wettzumachen. Eine spannendere Ausgangslage mit einer grösseren Vielfalt an Favoriten könnte sich nur nochmals belebend für diese Sportart auswirken.

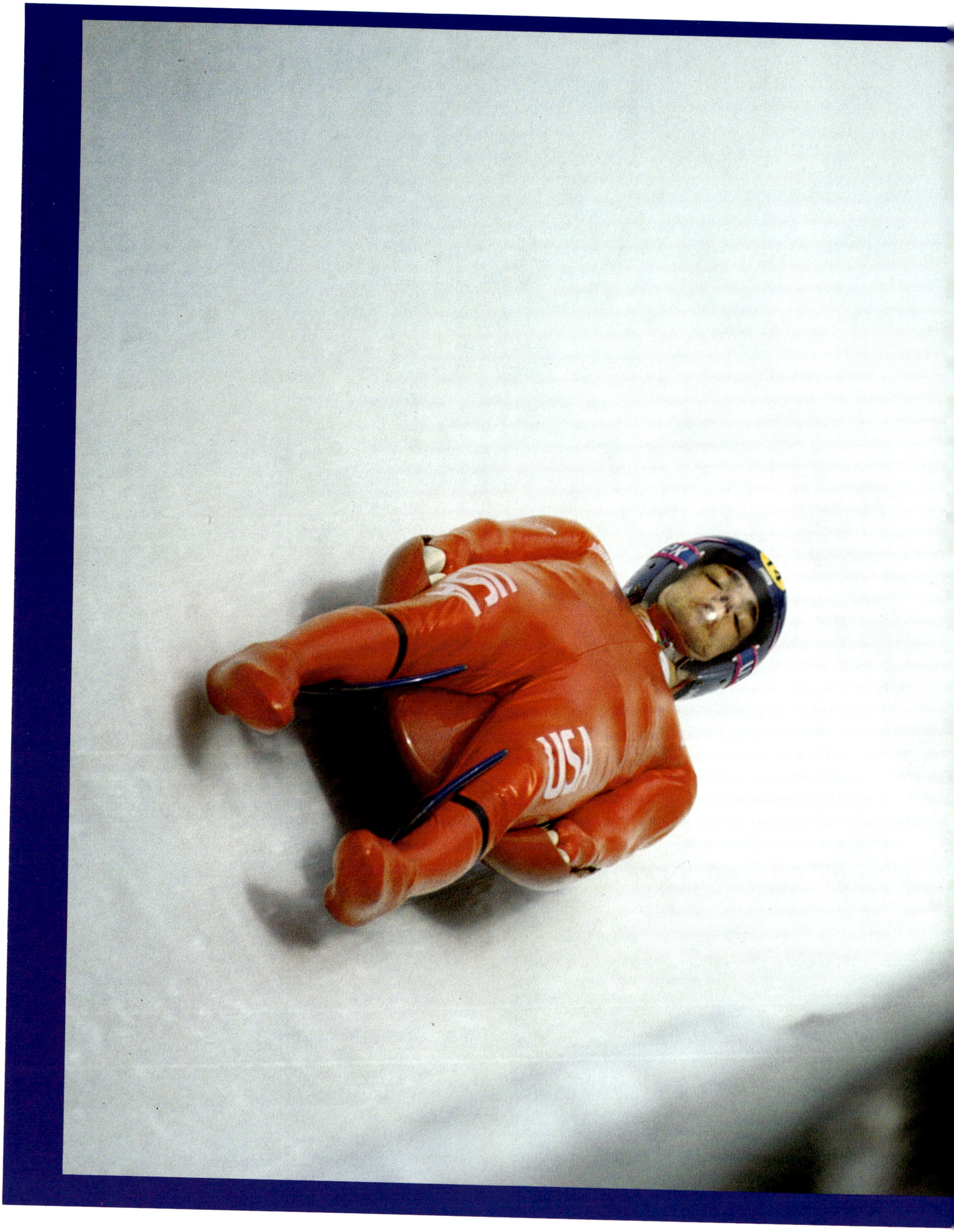
USA
USA

Schlitteln avancierte im Olympic Park bald einmal zu einer Lieblingssportart der Kanadier.

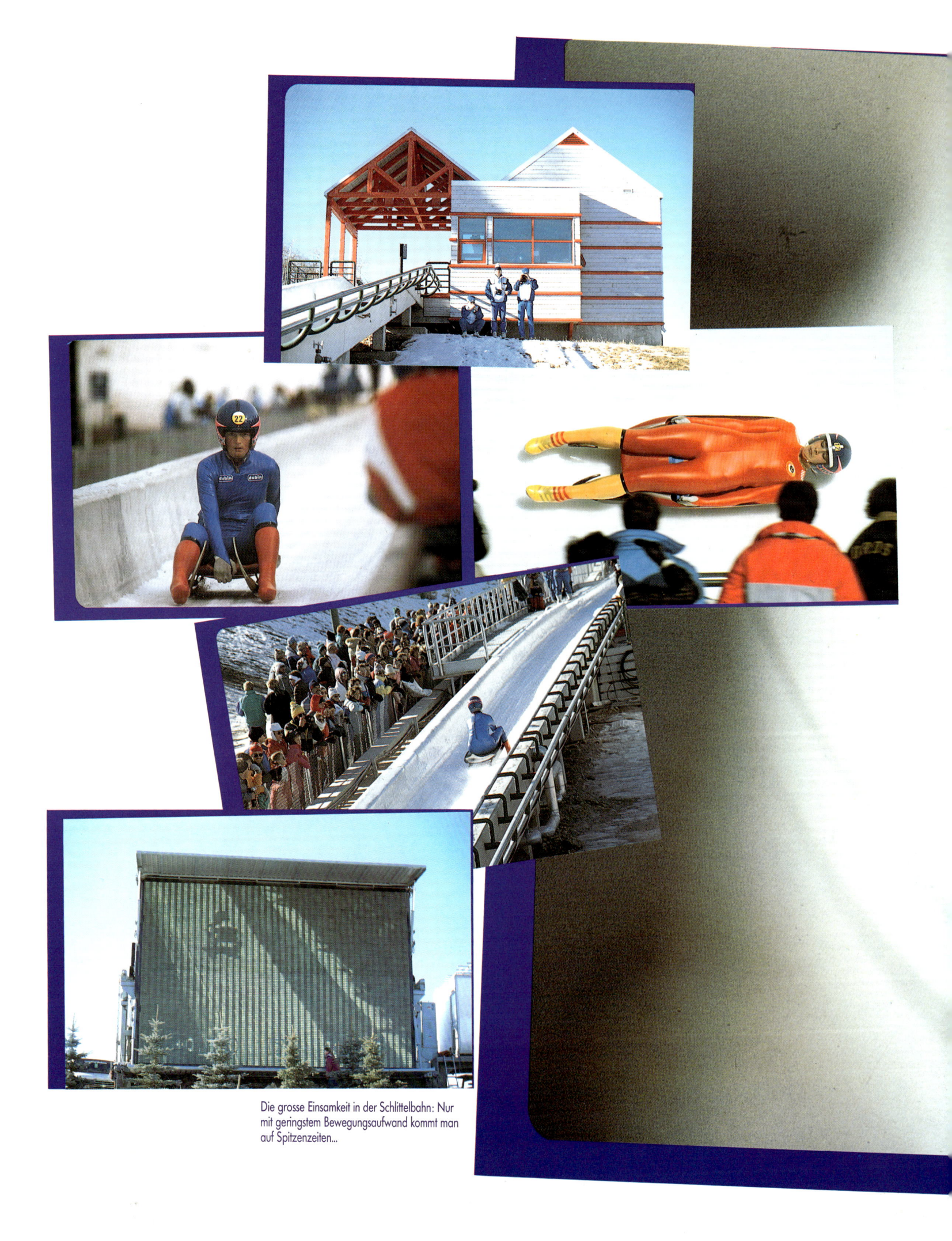

Die grosse Einsamkeit in der Schlittelbahn: Nur mit geringstem Bewegungsaufwand kommt man auf Spitzenzeiten...

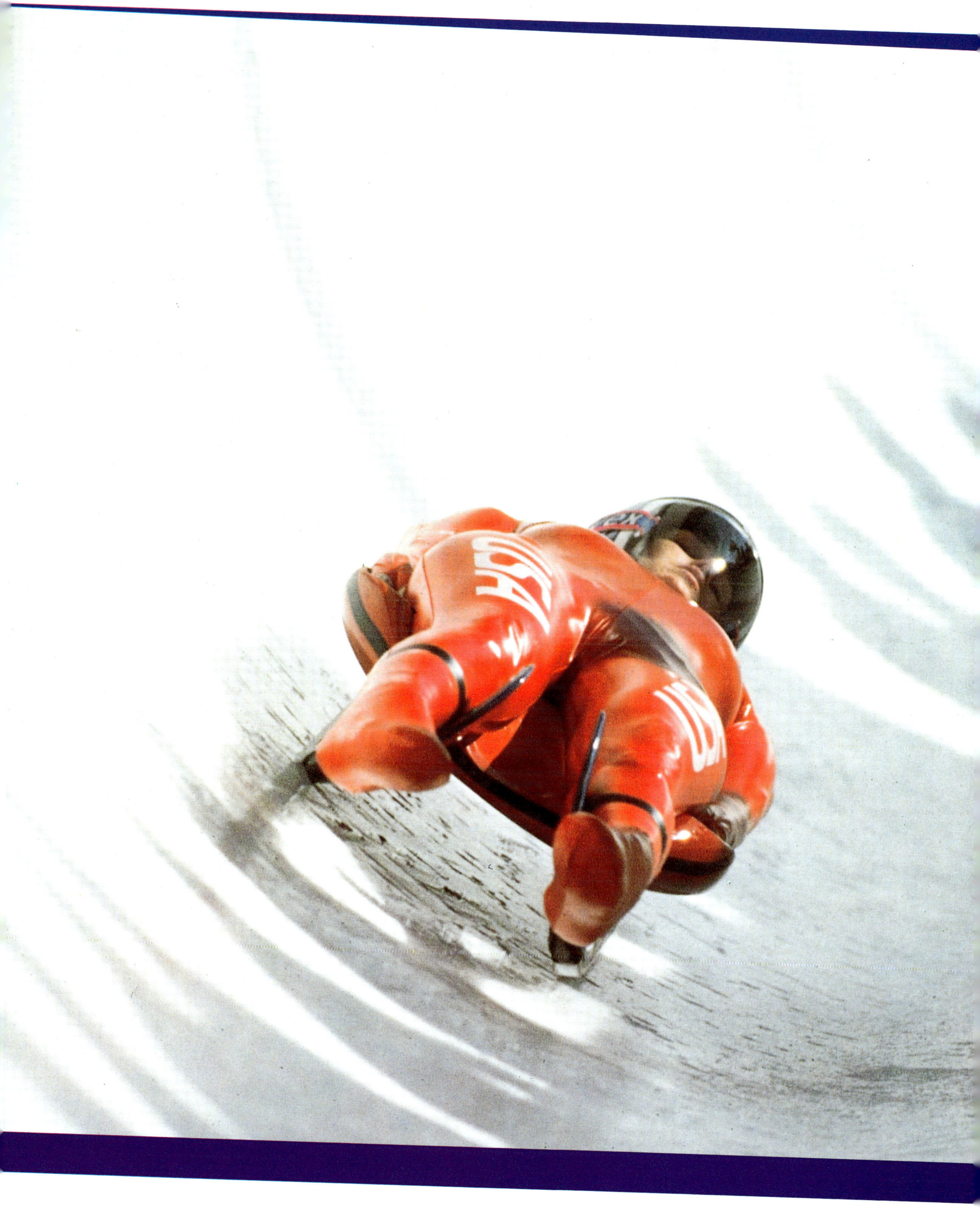
USA
USA

Besonders eng wird's auf dem Doppelsitzer. Da hat jeder genug zu kämpfen, damit der Partner, aber auch er selbst, auf dem eng bemessenen Gefährt bleiben... Hoffmann/Pietzsch aus der DDR (rechts oben) beherrschten diese Kunst am besten.

163

Von Pierre BENOIT

DIE SOWJETS MACHTEN SICH ZUM REKORD-OLYMPIASIEGER

Nach dem Verlust des Weltmeistertitels vor Jahresfrist in Wien und den Niederlagen am Iswestija- und am Kanada-Cup schien das sowjetische Eishockey, das jahrelang so etwas wie die Goldbank des UdSSR-Sports gewesen war, in eine Krise geraten zu sein. Rund um die Erdkugel stellten die Experten die Frage, ob die Russen überhaupt noch in der Lage wären, ein wichtiges Turnier zu gewinnen.

Die Antwort, welche die sowjetische Mannschaft ihren Kritikern in Calgary erteilte, hätte eindrucksvoller nicht ausfallen können. Ohne Punktverlust, ohne auch nur ein einziges Mal in Bedrängnis geraten zu sein, ehe die Entscheidung gefallen war, kam die Überlegenheit der Mannschaft Viktor Tichonows an diesen Olympischen Spielen beinahe einer Deklassierung der Gegnerschaft gleich. Die Art und Weise, wie der amtierende Weltmeister Schweden oder Gastgeber Kanada, der die Spiele unter dem Motto "going for gold" in Angriff genommen hatte, an die Wand gespielt, war in der Tat beeindruckend. Das 1:2 gegen Finnland im Schlussspiel brachte zwar den Finnen noch Silber, war für die Sowjets aber bedeutungslos.

Während die anderen Medaillenanwärter bereits in den Gruppenspielen allergrösste Mühe bekundeten, überstanden die Sowjets die Vorrunde als einzige Mannschaft ohne Punktverlust und starteten so als Leader zum Kampf um Gold, Silber und Bronze.

Für den Auftakt der Überraschungen sorgte bereits am ersten Spieltag die deutsche Mannschaft, welche die Tschechoslowakei mit 2:1 bezwang. Nicht hintanstehen mochten da auch die Schweizer, die in ihrer Startbegegnung den nachmaligen Silbermedaillengewinner Finnland mit dem gleichen Resultat in die Knie zwangen. Der erste Schweizer Erfolg über diesen Gegner seit der Weltmeisterschaft 1972 in Prag öffnete dem Team Simon Schenks somit schon die Tür zur Finalrunde. Als dritter krasser Aussenseiter schuf Polen eine Sensation, indem die Osteuropäer Weltmeister Schweden ein 1:1-Unentschieden abtrotzten. Während sich in der Gruppe B die Sowjetunion und Deutschland schon bald einmal als Finalrundenteilnehmer herauskristallisierten und die Tschechoslowakei trotz dem Umfaller gegen Deutschland dank dem Sieg über die USA mit sechs Punkten ebenfalls in die Runde der letzten sechs rutschte, blieb in der Abteilung der Schweiz die Ausgangslage bis zum letzten Spieltag offen. Zwei ehrenvolle und knappe 2:4-Niederlagen gegen Kanada und Schweden liessen die Schweizer weiter hoffen, denn nach menschlichem Ermessen sollten zwei Siege in den beiden letzten Begegnungen gegen Polen und Frankreich zum sensationellen Sprung unter die letzten Sechs ausreichen. Die Schweiz schlug zwar Polen nach einer 4:0-Führung im ersten Abschnitt sicher mit 4:1 und kannte auch gegen Frankreich keine Probleme (9:0), doch wie sich herausstellen sollte, reichte dies nicht zur Qualifikation, weil in der Gruppe A alles drunter und drüber ging. Finnland bezwang Kanada 3:1 und konnte sich plötzlich wieder Chancen ausrechnen, die Kanadier remisierten mit Schweden und so reichte in der letzten Begegnung Schweden und Finnland ein Unentschieden, um bei der Endausmarchung dabei zu sein. Und wie der Zufall (oder die freundnachbarschaftliche Hilfe) so spielte, trennte man sich 3:3. Damit waren Schweden, Kanada und die Finnen mit je 7 Punkten qualifiziert, die Schweiz mit deren 6 aus der Entscheidung gefallen.

SPANNENDER KAMPF UM SILBER UND BRONZE

In der Finalrunde wurde schon bald einmal klar, dass sich die sowjetische Konkurrenz nur um Silber und Bronze streiten konnte. Einem 5:0 über Kanada, das gemessen am Spielverlauf noch viel zu knapp ausfiel, liessen die Sowjets ein 7:1 über Schweden folgen. Das 1:2 gegen Finnland war nicht mehr als ein Schönheitsfehler. Den totalen Triumph kosteten die Russen aus, noch nie sah man ihren Trainer Viktor Tichonow so strahlend und gesprächig. Der Kampf um Silber und Bronze entschied sich erst am Schlusstag. Ein 3:2 über Deutschland genügte den Schweden nicht, um Silber zu holen, da die Finnen nach dem 8:0-Erfolg über Deutschland die Sowjets 2:1 schlugen, weil sie

ISHOCKEY

bedeutend motivierter aufspielten als der Gegner.

Den enttäuschenden vierten Platz erreichte Gastgeber Kanada, vor Deutschland, das in der Finalrunde einbrach und nach zwei Kanterniederlagen gegen Finnland (0:8) und Kanada (1:8) auch Schweden im Schlussspiel unterlag. Nur Platz 6 blieb den in allen Belangen schwachen Tschechoslowaken. Die Mannschaft des abtretenden Cheftrainers Jano Starsi wirkte lustlos und litt vor allem auch unter der Unterform des zuvor als weltbester Keeper gehandelten Dominik Hasek, der haltbare Schüsse gleich reihenweise passieren liess. Zu einer olympischen Novität kam es in den Klassierungsspielen um die Ränge sieben bis zwölf. Im Kampf um Platz 11 wurde zwischen Frankreich und Norwegen erst eine Verlängerung und dann ein Penaltyschiessen notwendig. Schliesslich schwang Frankreich 8:6 obenaus. Um Rang 9 kam es nochmals zu einem unerwarteten Ergebnis, schlug doch Österreich den WM A-Gruppen-Vertreten Polen mit 3:2. Bei den Schweizern war im letzten Match die Luft draussen, so dass es gegen eine keineswegs unbezwingbare amerikanische Mannschaft eine 4:8-Niederlage absetzte, was Rang 8 bedeutete

Für Sportler aus der Sowjetunion wiegt ein Sieg an Olympia nach wie vor am meisten. Viktor Tichonow sagte es bereits nach der WM-Niederlage von Wien: "Unser erklärtes Ziel bleibt eine olympische Goldmedaille." Entsprechend intensiv war auch die Vorbereitung, welcher die Mannschaft unterzogen worden war. Die Lehren aus Wien hatte man gezogen, die Worte von "Prediger" Tichonow fanden nach den jüngsten Enttäuschungen wieder mehr Gewicht.

Sieht man einmal von den Finnen ab, die im Schlussspiel um Silber rannten und darum die Sowjets, die ihre Siegesfeiern bereits hinter sich gebracht hatten, bezwingen konnten, ebnete die Schwäche der Gegner den Russen den Weg zum Gold. Doch von vielen Gründen für den erneuten Höhenflug der Sowjets ist dies wohl der Nebensächlichste, auch wenn es schade war, dass Starspieler wie Gretzky und Lemieux bei Kanada, Kurri und Tikkanen bei Finnland oder der erste Sturm von Weltmeister Schweden, Loob, Gustafsson, Sandström, nicht dabei war, weil die National Hockey League ihre Meisterschaft nicht zu unterbrechen gewillt war. Mitausschlaggebend für die Überlegenheit der Sowjets dürfte gewesen sein, dass der Paradeblock mit Kasatonow, Fetisow, Makarow, Larionow und Krutow, der zuletzt vom Erfolg gesättigt und müde gewirkt hatte, wieder zu alter Frische zurückfand.

EIN EINZIGES PÜNKTCHEN FEHLTE NUR...

Mit dem Minimalziel, das Klassierungsspiel um Platz 7 zu erreichen, reiste die Schweiz nach Calgary. Dieses rangmässige Ziel hat die Mannschaft erreicht, allerdings nicht wie budgetiert mit vier Punkten (Siege über Polen und Frankreich), sondern mit deren sechs. So gesehen haben die Schweizer besser abgeschnitten als man erwarten durfte, auch wenn dies rangmässig keinen Niederschlag fand. Ein einziges Pünktchen fehlte nur, um den Kampf um die Medaillen gegen die Grossen des Welteishockeys aufnehmen zu können. Drei Teams lagen geschlossen mit sieben Punkten um eine Einheit vor den Schweizern. Pech für die Mannschaft Simon Schenks, doch ein Unglück war es im Hinblick auf die weitere Entwicklung des Schweizer Eishockeys sicher nicht.

Die Bestätigung für die zahlreichen guten Ergebnisse in der Vorbereitungsphase auf diese Olympischen Spiele ist den Schweizern gelungen. Der Sieg gegen Finnland hatte historischen Wert und auch der Erfolg über Polen, das dem amtierenden Weltmeister Schweden ein Unentschieden abgetrotzt hatte, war keineswegs selbstverständlich. Das Team zeigte sich vor allem in defensiver Hinsicht gegenüber der letzten A-WM stark verbessert und musste in sechs Spielen nur 18 Tore entgegennehmen – die missratene Schlussbegegnung gegen die USA ausgeklammert, erreichte die Schweiz den höchst beachtlichen Minustoredurchschnitt von 2,0. Die Richtung, die Simon Schenk mit seinen Schützlingen eingeschlagen hat, ist zweifellos richtig – der Erfolg gibt dem Langnauer recht. Die Chancen, dass im kommenden Jahr in Norwegen der Aufstieg in die A-Gruppe realisiert werden kann und damit ein Mitmachen 1990 bei der A-WM in Bern möglich sein wird, scheinen gut zu sein. Allerdings wird man gut daran tun, den Gastgeber nicht am Abschneiden von Calgary zu messen. Die Norweger sind, namentlich vor eigenem Publikum, zu bedeutend mehr fähig, als sie bei Olympia gezeigt haben. Die Behauptung, dass Calgary die beste Schweizer Nationalmannschaft seit den 40er Jahren gesehen hat, ist keineswegs aus der Luft gegriffen. So kompakt, ehrgeizig und selbstsicher sah man in den letzten 20 Jahren nie ein Schweizer Nationalteam an einem internationalen Anlass auftreten. Die Spieler haben bewiesen, dass ihre Selektion hundertprozentig richtig war. Die Eishockeyer wurden diesmal nicht – wie 1972 und 1976 – zum Ärgernis der Delegation – im Gegenteil.

Den Beweis, dass die Mannschaft A-klassig ist, muss sie in einem WM-Turnier allerdings noch erbringen – gegenwärtig befindet man sich zusammen mit Polen noch im Niemandsland zwischen A- und B-Gruppe, doch die Tendenz zeigt nach oben. Die schwerste Aufgabe auf dem Weg in die A-Klassigkeit steht im März 1989 in Oslo noch bevor. Dort gilt es für die Mannschaft, in der Favoritenrolle zu bestehen und zu beweisen, dass sie B-Gruppen-Teams nicht mehr zu fürchten braucht.

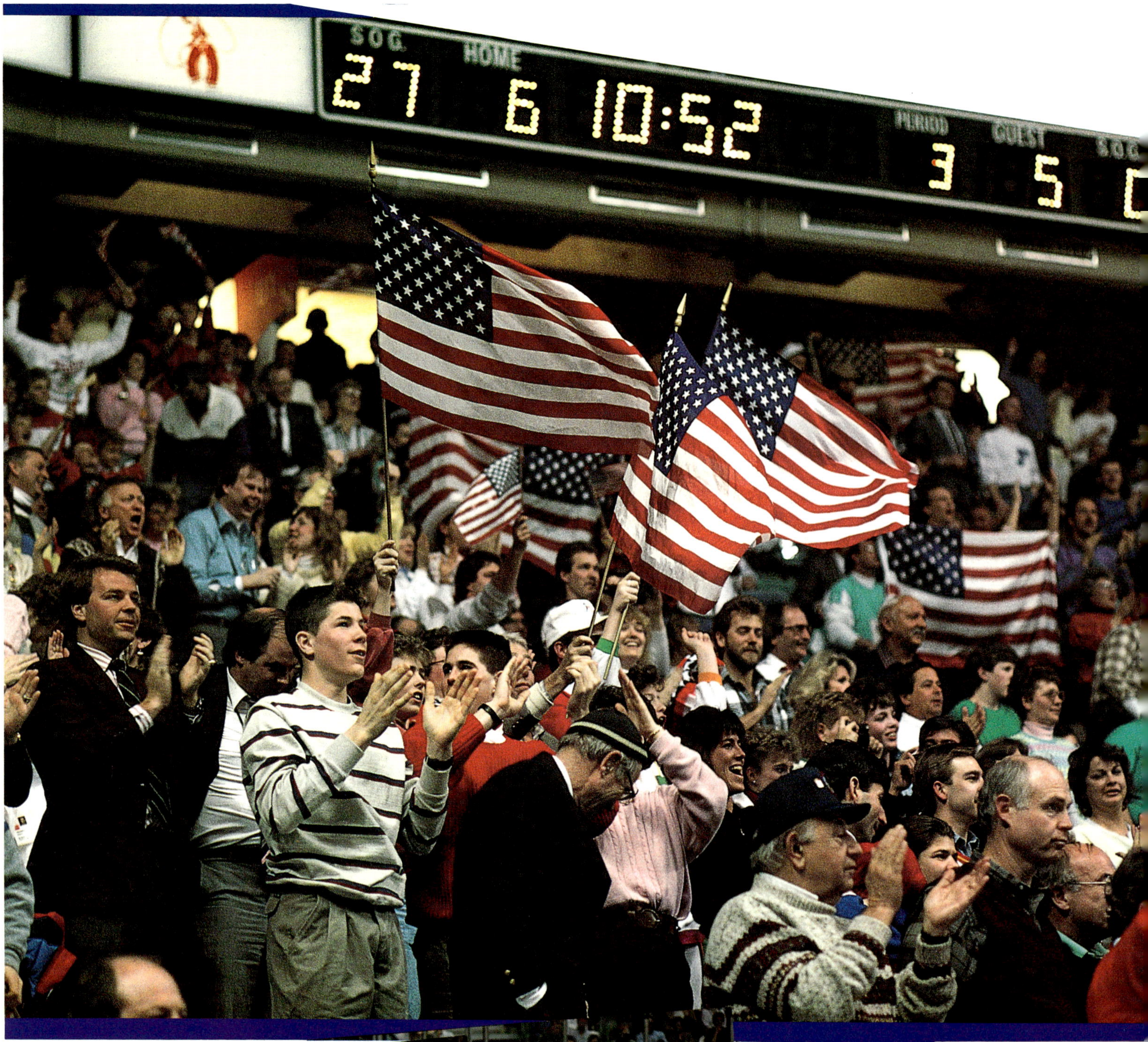
S.O.G.
HOME
27 6 10:52
PERIOD
GUEST
3 5

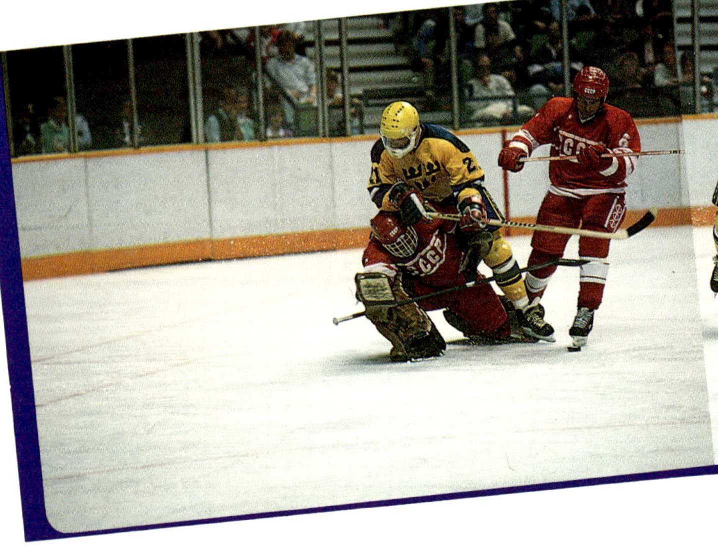

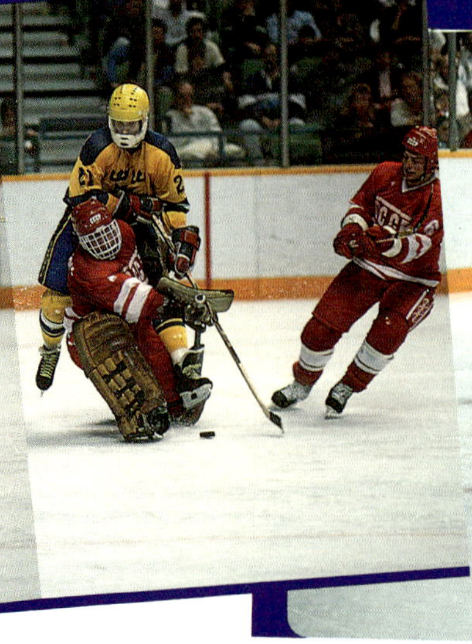

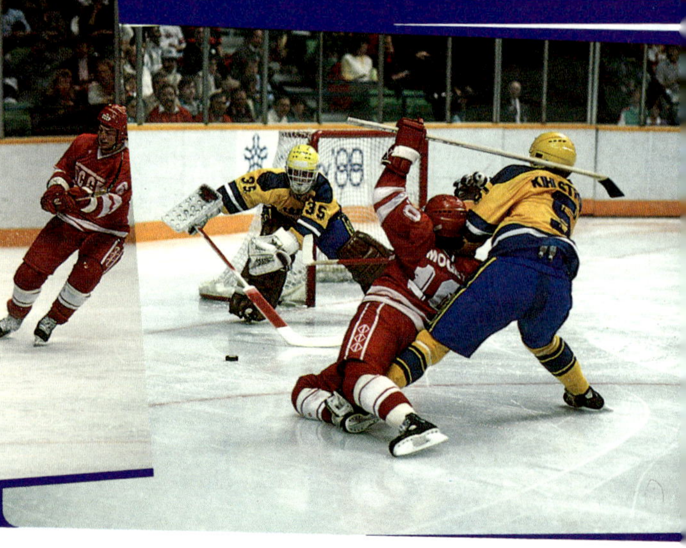

Eishockey – der Muntermacher in Calgary! Viele US-Fans waren angereist, um ihr Team im Saddledome siegen zu sehen. Leider hatten die Sputniks (rechts) etwas dagegen...

168

Selten stand der sowjetische Keeper wie in dieser Szene unter Beschuss, – auch die in der Vorrunde so überraschende BRD-Truppe von Xaver Unsinn brachte dieses Kunststück nur sporadisch fertig!

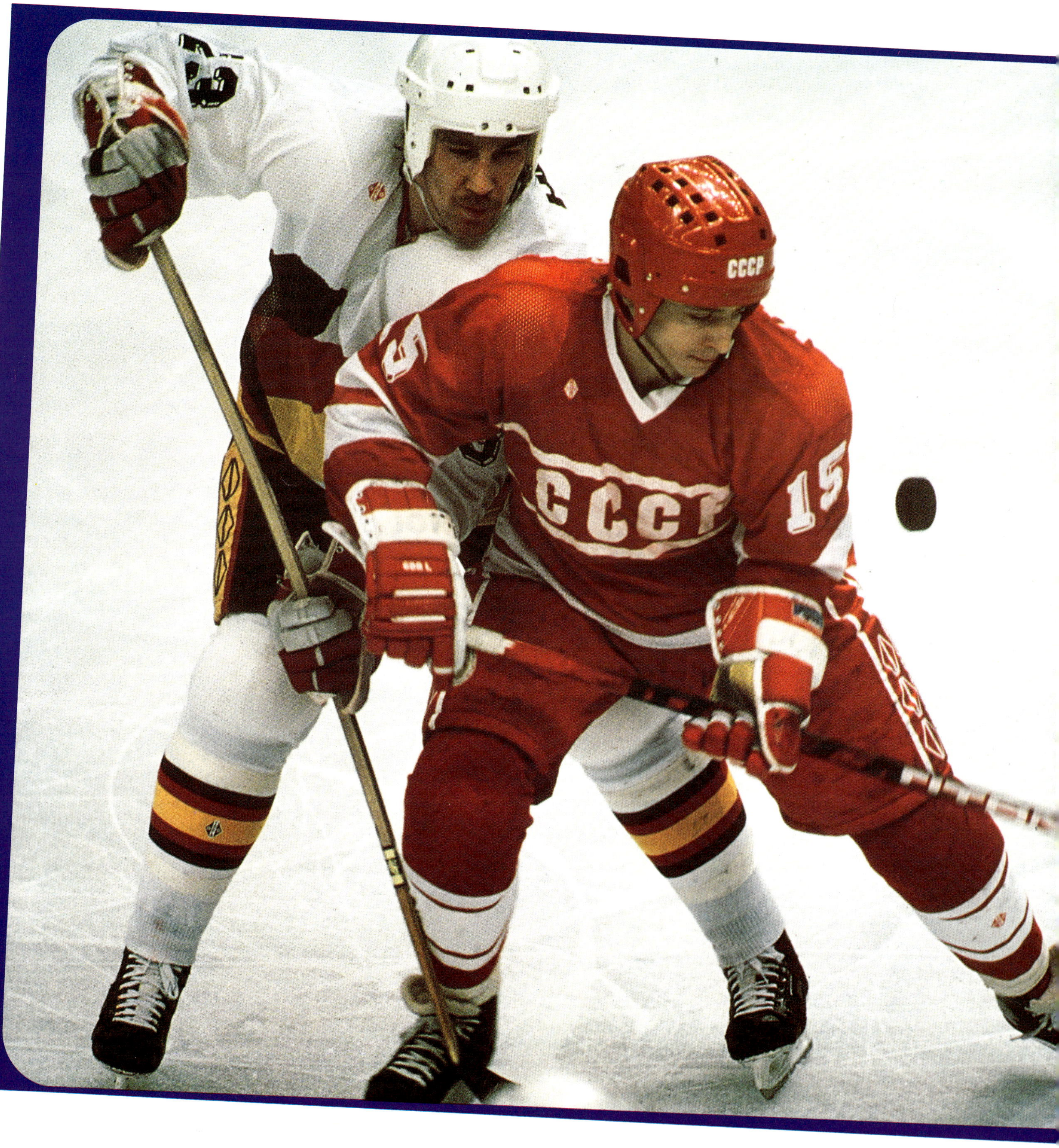
CCCP
CCCP
15

Immer schienen die sowjetischen Superstars von "Väterchen" Tichonow einen Schritt schneller an der Scheibe zu sein, – die Resultate vermittelten jeweils eine deutliche Sprache...

172

Der grosse Schlager zwischen den US-Boys und der UdSSR hielt, was er versprach, – doch das "Wunder von Lake Placid" wiederholte sich nicht (ganz): Die Sowjets gewannen 7:5.

DEMONS
SPO

WERBEN UM OLYMPISCHE EHREN

Curling, Skiakrobatik und "Short track speed skating" (Eisschnellauf auf einer Kurzstrecke) – soll das Programm der Olympischen Winterspiele um diese Sportarten bereichert werden? Die betreffenden internationalen Fachverbände hatten ihre besten Teams und Athleten nach Calgary aufgeboten und ihnen den Auftrag gegeben, eine Mehrheit von IOC-Mitgliedern und die sportinteressierte Öffentlichkeit mit hochstehenden Leistungen zu begeistern.

Curler, Freestyler und "Short trackers" durften sich an den Eröffnungs- und Schlusszeremonien am Defilée der Nationen beteiligen, die Sieger und Plazierten der einzelnen Wettbewerbe wurden gleichermassen mit olympischen Medaillen belohnt, wenngleich Gold, Silber und Bronze aus diesen Sparten in der offiziellen Statistik nicht ausgewiesen wurden. Ob der beeindruckenden Bilanz des Schweizer Olympia-Teams 1988 entschwanden die silberne Auszeichnung des Curling Clubs Solothurn und die zwei bronzenen Medaillen des helvetischen Skiakrobatik-Idols Conny Kissling fast in die Anonymität...

Curling, das 200 Jahre alte Spiel mit 40 Pfund schweren Steinen aus geschliffenem, schottischen Granit, erfreut sich vor allem im Alpenraum zunehmender Popularität bei jung und alt. 1959 wurden in Schottland erstmals Weltmeisterschaften ausgetragen, aber schon 1932, bei den III. Olympischen Winterspielen in Lake Placid, kämpften Curler um olympische Anerkennung. Der "International Curling Federation" sind zur Zeit 18 Nationen aus drei Kontinenten angeschlossen.

Zur olympischen Curling-Demonstration in Calgary wurden je die besten acht Teams der WM 1987 in Vancouver und Chicago eingeladen. Bei den Herren gewann Norwegen mit Weltmeisterskip Eigil Ranfsell im Finale mühelos mit 10:2 gegen die Schweiz, die in der Vorrunde brillant kämpfte und sich – wie Schweden bei den Damen – direkt fürs Endspiel zu qualifizieren vermochte. Das Damen-Finale zwischen Kanada und Schweden endete mit einem knappen 7:5-Erfolg der Gastgeberinnen unter Skip Linda Moore.

Skiakrobatik wurde in Calgary zum ersten Mal mit der Olympischen Bewegung in Verbindung gebracht. Die Wettbewerbe in Nakiska (Buckelpistenfahren) und im Canada Olympic Parc (Akro-Springen und Ballet) mobilisierten erstaunliche Zuschauerzahlen. Dass Freestyle-Skiing längst nicht mehr den Nordamerikanern vorbehalten ist, zeigen die Resultatlisten. Fünf Nationen teilten sich in die sechs Goldmedaillen: zweimal (Damen-Buckelpiste und Herren-Ballet) schwang die Bundesrepublik Deutschland obenaus, je einmal Frankreich (Damen-Ballet), die USA (Damen-Akrospringen), Schweden (Herren-Buckelpiste) und Kanada (Herren-Akrospringen).

"Short track speed skating" entspricht einer Kurzform des olympischen Eisschnellaufs. Kurzdistanz-Rennen mit gleichzeitig bis zu sechs Teilnehmern am Start werden vielfach in Regionen durchgeführt, in welchen keine 400m-Bahnen verfügbar sind.

Je buckliger, desto schöner: Conny Kissling, die Schweizerin (zweites Bild unten, von links) fühlte sich als Bronzemedaillengewinnerin auf der Buckelpiste ebenso zuhause wie die Siegerin Tanja Mittermaier aus der BRD (rechts).

177

178

Die Freestyle-Spezialisten feierten in Calgary eine überaus gelungene Demonstration vor riesiger Zuschauerkulisse.

Ein Spektakel der unbekannten Art für Schweizer Zuschauer: Das Kurzstrecken-Eisschnelllaufen, das vor allem in Kanada sehr populär ist und ein bisschen dem Radsport auf der Bahn ähnelt.

Im Curling machte vor allem das Schweizer Herrenteam des CC Solothurn eine gute Figur: Es schlug in der Vorrunde Lehrmeister Kanada und stiess direkt in den Final vor, wo es sich allerdings deutlich den überragenden Norwegern (unten) geschlagen geben musste.

BEHINDERTEN SPORT

SKIWETTKÄMPFE FÜR BEHINDERTE

Der Präsident des Internationalen Olympischen Komitees, S.E. J.A. Samaranch, hat sich persönlich für die Förderung des Behindertensport in Spanien eingesetzt. Seine Einladung an die Behinderten, sich an den XV Olympischen Winterspielen in zwei Demonstrationsveranstaltung zu messen, unterstrich in bester Weise die Idee der olympischen Ideale.

Eine Idee, die während der Eröffnungszeremonie symbolisch

hervorgehoben wurde: auf ihrer Ehrenrunde mit der olympischen Flamme hielten die ehemaligen kanadischen Olympiadeteilnehmer Cathy Priestner und Ken Read kurz an, um den kanadischen Nationalhelden Rick Hansen in seinem Rollstuhl zu begrüssen und das olympische Feuer mit ihm zu teilen. Mit donnerndem Applaus honorierten die 60000 Zuschauer diese Geste an die Behinderten.

Die erste olympische Veranstaltung für die Behinderten war ein 5 km-Lauf für 10 Herren und 5 Damen, alle total-erblindet. Für Oesterreich errang Veronica Preining (Führer Sigfried Haberl) Gold und Margreth Heger (Führer Manfred Pucher) Bronze. Die Silbermedaille gewann Kristi Pennanen mit ihrer Führerin Anja Viljaharo. Zum ersten Mal in der Geschichte der Olympischen Spiele wurden in Braille beschriftete Medaillen vergeben.

Bei den Herren gingen die Gold- und die Bronzemedaille nach Norwegen: an Hans Anton Aalien (Führer Arne Homb) und Asmund Tveit (Führer Ketil Ulvang). Aake Petersson aus Schweden, geführt von Raaland Stridh, errang die Silbermedaille.

Ein Feld von 13 Herren und 5 Damen nahmen im "Canada Olympic Park" am Riesenslalom für Oberschenkelamputierte teil. Alexander Spitz aus der Bundesrepublik Deutschland notierte Bestzeit bei den Herren, Silber holte sich Greg Mannino (USA) und Bronze der Schweizer Fritz Berger. Bei den Damen brachten die Amerikanerinnen sämtliche Medaillen nach Hause, angeführt von der 24jährigen Bostonerin Diana Golden, folgten Catherine Gentile und Martha Hill.

Der Riesenslalom wurde in zwei Rennen, an verschiedenen Tagen ausgetragen. IOC-Präsident Samaranch übergab die Medaillen der Damen, die Herren empfingen ihre aus den Händen von Königin Silvia von Schweden.

Auf die Frage, ob die beiden Demonstrationssportarten Aussicht auf Anerkennung als offizielle Olympiade-Disziplinen hätten, meinte J.A. Samaranch: "Das weiss ich nicht, aber die ersten Schritte dazu sind hier in Calgary gemacht worden."

Von Wendy BRYDEN

Bewundernswerte sportliche Taten vollbrachten die Behinderten in ihren Demonstrations-Disziplinen, – sei es auf der Loipe oder auf der Piste. Und auch die Medaillen wurden mit einem Enthusiamus sondergleichen gefeiert, wie der deutsche Slalomsieger Spitz auf dem Podest beweist.

SCHL

Von Wolfgang WAGMANN

EIN HAPPY END?

Noch einmal feierten die Kanadier ihre Spiele. Riesige Feuerwerk-Girlanden zogen sich über den nächtlichen Himmel Calgarys; zehntausende von kleinen roten Fackeln zauberten nochmals olympische Ambiance ins gefüllte MacMahon-Stadion. Bewegte Worte des Dankes fielen. IOK-Präsident Juan Antonio Samaranch: "Möge Gott dieses Land glorreich und frei halten!" Frank King, Chairman dieser Spiele (OK-Präsident), richtete sich an die Jugend mit dem Aufruf: "Die Zukunft ist von Euch abhängig!"

Für niemand trafen diese Worte mehr zu, als die vereinten Sportler und Sportlerinnen aus aller Herren Länder, die gemeinsam nochmals ihr Fest feierten, ungezwungen, lebhaft, fröhlich. Nie darf vergessen gehen, dass Olympische Spiele ausschliesslich vom Athleten und seiner Leistung leben. Sicher gehört die Bereitstellung einer perfekten Infrastruktur, der Grosseinsatz der Funktionäre und der Aufmarsch der Zuschauer zum Rahmen Olympischer Spiele. aber die sportliche Spitzenleistung im Wettkampf erst drückt diesem Treffen der Weltbesten den Stempel auf.

Calgary hat im Rahmen seiner Möglichkeiten eine offene, sympathische Gastgeberrolle gespielt. Das Publikum verfolgte die Spiele mit Leidenschaft, Herz und grosser Anteilnahme. Es waren Spiele der zwischenmenschlichen Begegnungen für alle Beteiligten, spontane Kontakte standen hoch im Kurs.

Calgary hat auch keinen Aufwand gescheut, dem Athleten optimale Bedingungen für seinen Wettkampf anzubieten. Im Eisschnellauf, im Eishockey und im Eiskunstlaufen wurden sogar Massstäbe gesetzt. Es gab auch Probleme, gravierende sogar. Der "Chinook" spielte üble Streiche; der Sand in der Bobbahn störte die Wettkämpfe; der Kunstschnee musste retten, was die Natur versagte. Aber, – und das ist das Entscheidende – Calgary hat mit seinem Enthusiasmus für die Spiele, mit seinem technischen "Know How" auch Fehl-Dispositionen ausgebügelt, die andern Organisatoren das Genick hätte brechen können.

Was schliesslich zählt, ist die Summe der regulär abgewickelten, hochstehenden Wettkämpfe mit einer stimmungsvollen Ambiance. Und diese Summe ergab ein besseres Resultat, als vor, und oft auch während der Spiele befürchtet werden musste.

Der grösste Teil der Olympischen Winterspiele wird immer der Gunst der Natur ausgeliefert bleiben.

Die ständig erhöhten Anforderungen an die Regularität der Wettkämpfe bringt auch in Zukunft stets neue Herausforderungen für den Verstalter mit sich. Nebst der Standortwahl muss der Organisator von Olympischen Spielen bereit sein, Lernprozesse durchzumachen, für Eventualitäten gewappnet zu sein, bestehende Probleme richtig einzuschätzen und mit dem entsprechenden Massnahmen-Paket zu begegnen.

Calgary hat viele dieser Forderungen erfüllt. Der Dank am Schluss, am Abend dieses 28. Februars, war berechtigt. Und er ist zugleich Verpflichtung für kommende Veranstalter von Olympischen Spielen. Olympischer Geist bedeutet nicht zuletzt die Überwindung von Schwächen. Calgary war stark, blieb stark, zeigte sich stark. Bis zum letzten Zuschauer im MacMahon-Stadion, der mit einer roten Fackel sein persönliches, kleines Scherflein zum Gelingen dieser XV Olympischen Winterspiele beitrug.

eet again... Arrivederci a presto!

187

Mit einem gigantischen Feuerzauber am nächtlichen Firmament verabschiedet sich Calgary von der Welt – "the Games are over!"

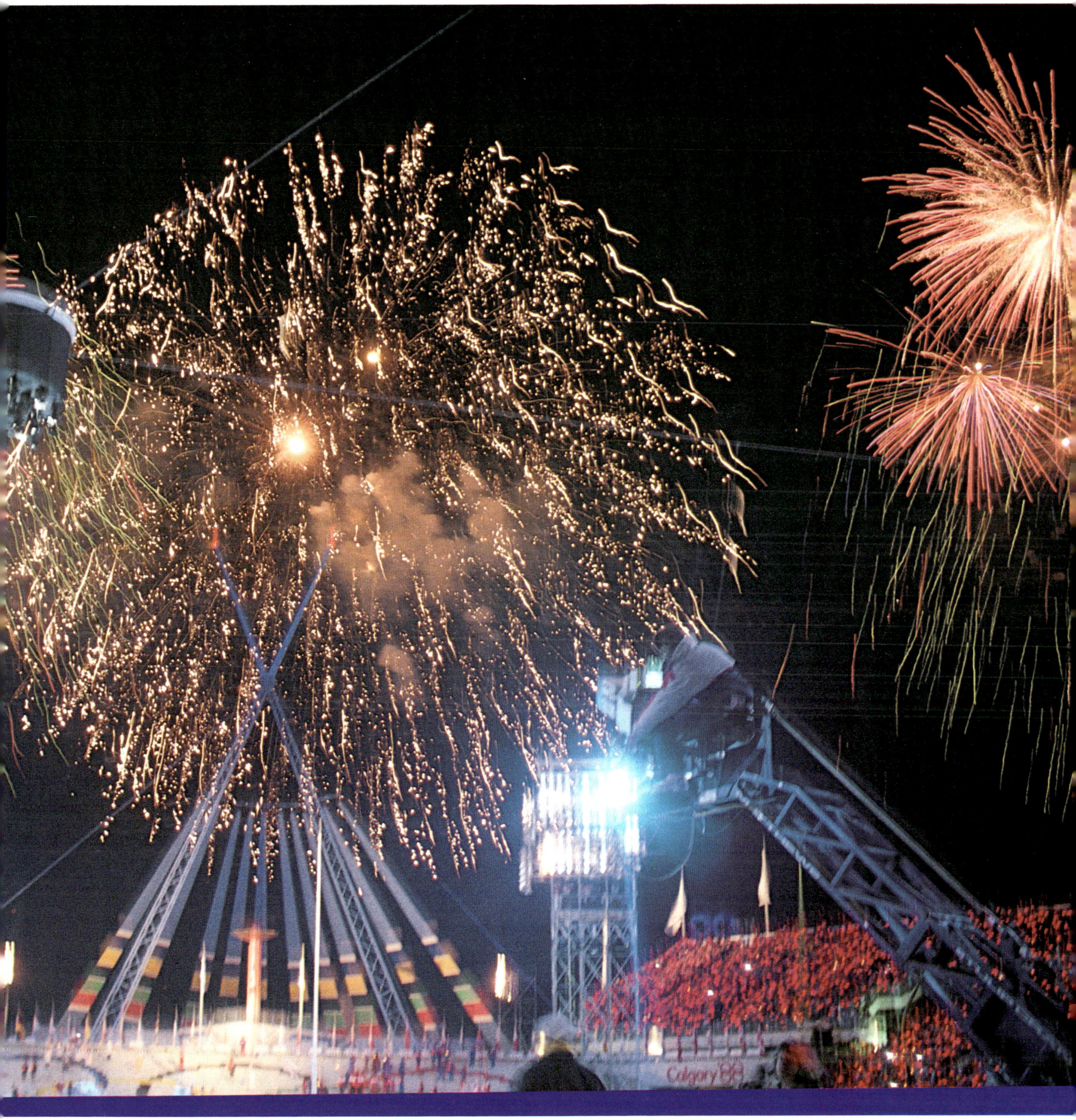
Calgary '88

Zehntausende von kleinen, roten Fackeln sorgen für eine eindrückliche Ambiance, der sich auch IOK-Präsident Juan Antonio Samaranch nicht zu entziehen vermag. Bei den Athleten dagegen herrscht eine überschwengliche Stimmung vor: Alle hatten sie ihr Bestes zum Gelingen dieses sportlichen Weltfestes gegeben!

191

DIE OLYMPISCHEN WINTERSPIELE 1988 IN ZAHLEN

Von Boris SAKAC

DAS PROGRAMM

Mit der Eröffnungszeremonie am Samstag, dem 13. Februar, und der Schlusszeremonie am Sonntag, dem 28. Februar, waren in Calgary die Olympischen Winterspiele erstmals auf 16 Tage ausgedehnt worden.

Folgende Disziplinen standen zum ersten Mal auf dem Programm:
– Skispringen als Mannschaftswettkampf
– Nordische Kombination als Mannschaftswettkampf
– Super-G für Damen und Herren
– Alpine Kombination für Damen und Herren
– Curling, Skiakrobatik und Kurzstrecken-Eisschnelllauf als Demonstrationssportarten

46 Wettkämpfe wurden in den Spielen von Calgary ausgetragen: 28 für Herren, 16 für Damen und 2 für Paare.

DIE AUSTRAGUNGSORTE

Das Organisationskomitee stellte die bisher besten Einrichtungen zur Verfügung:
– Das "Saddledome", eine gedeckte Halle für Eishockey und Eiskunstlauf

mit einem Platzangebot für 19'000 Zuschauer;
- Das "Olympic Oval", eine gedeckte Arena für den Eisschnellauf, erstmals an Olympischen Winterspielen;
- Der "Canada Olympic Park", die "Wunderanlage" in Stadtnähe für Spezial-Sprunglauf Kombinations-Springen, Schlitteln, Bob und die Skiakrobatik;
- "Nakiska" für den Alpinen und "Canmore" für den Nordischen Skilauf mit den besten technischen Einrichtungen.

Alles in allem standen fünf gedeckte Hallen für Wettkämpfe zur Verfügung.

DIE TEILNEHMER

Mit 56 teilnehmenden Ländern wurde ein weiterer Rekord gesetzt. 1'222 Herren und 333 Damen waren als Aktive akkreditiert worden, 776 als Funktionäre.

KONSUMATION

Während der Spiele wurden unter anderem folgende Lebensmittel konsumiert:

48000	Packungen Milch
18000	Yoghurts
55000	Eier
18000	Hamburger
15000kg	Rindfleisch
9000kg	Poulets

DIE ZUSCHAUER

Die Spiele waren von 1,5 Millionen Zuschauer live mitverfolgt worden:

Eishockey	600000
"Canada Olympic Park"	350000
Eiskunstlauf	160000

Die grössten Zuschauerzahlen verbuchte das 90m-Skispringen mit 75000 Zuschauern.

Die Siegerehrungen im "Olympic Plaza" im Zentrum Calgarys zogen 600000 Einwohner und Touristen an.

DIE FREIWILLIGEN HELFER

9400 freiwillige Helfer kamen während der Spiele zum Einsatz:
 980 als Fahrer für 1200 Autos
 800 bei der Eingangskontrolle
 750 im medizinischen Dienst
 600 als Hostessen
 600 zur Betreuung der Zuschauer
2000 in verschiedenen Sportdiensten

PRESSE, FERNSEHEN UND INFORMATION

Die Fernsehkommentatoren und Pressevertreter kamen aus 42 Ländern.
150 Fernsehkameras wurden eingesetzt.
582 Fernsehkommentatoren, unterstützt von 2650 Technikern, berichteten über das Geschehen.
550 Stunden Sendezeit waren weltweit für die Spiele reserviert (Sarajevo 1984 – 226 Stunden)
1200 Journalisten und 350 Fotografen bedienten ihre Zeitungen und Zeitschriften mit Berichten.
330000 Blatt Papier wurden täglich bedruckt.
900 Telefonverbindungen waren allein im Hauptpressezentrum nötig, 1200 Telefonverbindungen wurden für die Fernsehübertragungen installiert.

REKORD-TEMPERATUREN

Tiefste Temperatur   − 28° C
Höchste Temperatur + 22° C
In anderen Worten: ein Temperaturunterschied von 50° während der Spiele!

Eines steht fest: DIE XV OLYMPISCHEN WINTERSPIELE VON CALGARY WAREN IN ALLEN BEREICHEN EINMALIG!

RESU

JLTATE

ABFAHRT HERREN

1.	ZURBRIGGEN P.	SUI	01:59,63
2.	MUELLER P.	SUI	02:00,14
3.	PICCARD F.	FRA	02:01,24
4.	Stock L.	AUT	02:01,56
5.	Pfaffenbichler G.	AUT	02:02,02
6.	Wasmeier M.	FRG	02:02,03
7.	Steiner A.	AUT	02:02,19
8.	Bell M.	GBR	02:02,49
9.	Girardelli M.	LUX	02:02,59
10.	Sbardellotto D.	ITA	02:02,69

RIESENSLALOM HERREN

1.	TOMBA A.	ITA	02:06,37
2.	STROLZ H.	AUT	02:07,41
3.	ZURBRIGGEN P.	SUI	02:08,39
4.	Camozzi I.	ITA	02:08,77
5.	Nierlich R.	AUT	02:08,92
6.	Wenzel A.	LIE	02:09,03
7.	Mayer H.	AUT	02:09,09
8.	Woerndl F.	FRG	02:09,22
9.	Petrovic R.	YUG	02:09,32
10.	Gaspoz J.	SUI	02:09,57

ABFAHRT DAMEN

1.	KIEHL M.	FRG	01:25,86
2.	OERTLI B.	SUI	01:26,61
3.	PERCY K.	CAN	01:26,62
4.	Walliser M.	SUI	01:26,89
5.	Graham L.	CAN	01:26,99
6.	Kronberger P.	AUT	01:27,03
7.	Moesenlechner R.	FRG	01:27,16
8.	Kirchler E.	AUT	01:27,19
9.	Figini M.	SUI	01:27,26
10.	Medzihradska L.	TCH	01:27,28

SLALOM, DAMEN

1.	SCHNEIDER V.	SUI	01:36,69
2.	SVET M.	YUG	01:38,37
3.	KINSHOFER GUETLEIN C.	FRG	01:38,40
4.	Steiner R.	AUT	01:38,77
5.	Fernandez Ochoa B.	ESP	01:39,44
6.	Ladstaetter I.	AUT	01:39,59
7.	Magoni Sforza P.	ITA	01:39,76
8.	Mogore Tlalka D.	FRA	01:39,86
9.	Dezman M.	YUG	01:40,21
10.	Maier U.	AUT	01:40,54

SUPER-G, HERREN

1.	PICCARD F.	FRA	01:39,66
2.	MAYER H.	AUT	01:40,96
3.	ERIKSSON L.-B.	SWE	01:41,08
4.	Strolz H.	AUT	01:41,11
5.	Zurbriggen	SUI	01:41,96
6.	Mader G.	AUT	01:41,96
7.	Alphand L.	FRA	01:42,27
8.	Stock L.	AUT	01:42,36
9.	Cizman T.	YUG	01:42,47
10.	Camozzi I.	ITA	01:42,66

SLALOM – HERREN

1.	TOMBA A.	ITA	1:39,47
2.	WOERNDL F.	FRG	1:39,53
3.	FROMMELT P.	LIE	1:39,84
4.	Gstrein B.	AUT	1:40,08
5.	Stenmark I.	SWE	1:40,22
6.	Nilsson J.	SWE	1:40,23
7.	Zurbriggen P.	SUI	1:40,48
8.	Totsch O.	ITA	1:40,55
9.	Benedik G.	YUG	1:41,38
10.	Beck F.	FRG	1:41,44

SUPER-G, DAMEN

1.	WOLF S.	AUT	01:19,03
2.	FIGINI M.	SUI	01:20,03
3.	PERCY K.	CAN	01:20,29
4.	Moesenlechner R.	FRG	01:20,33
5.	Wachter A.	AUT	01:20,36
6.	Walliser M.	SUI	01:20,48
7.	Marzola M.	ITA	01:20,91
8.	Haas Z.	SUI	01:20,91
9.	Thys E.	USA	01:20,93
10.	Kinshofer Guetlein C.	FRG	01:20,98
10.	Gerg M.	FRG	01:20,98

ALPINE KOMBINATION DAMEN

1.	WACHTER A.	AUT	29.25 Punkte
2.	OERTLI B.	SUI	29.48 Punkte
3.	WALLISER M.	SUI	51.28 Punkte
4.	Percy K.	CAN	54.47 Punkte
5.	Kebrlova L.	TCH	60.87 Punkte
6.	Medzihradska L.	TCH	63.56 Punkte
7.	Mc Kendry M.	CAN	64.85 Punkte
8.	Lee K.	CAN	65.26 Punkte
9.	Stanggassinger U.	FRG	71.51 Punkte
10.	Marzola M.	ITA	85.34 Punkte

ALPINE KOMBINATION HERREN

1.	STROLZ H.	AUT	36.55 Punkte
2.	GSTREIN B.	AUT	43.45 Punkte
3.	ACCOLA P.	SUI	48.24 Punkte
4.	Alphand L.	FRA	57.73 Punkte
5.	Jurko P.	TCH	58.56 Punkte
6.	Cretier J.-L.	FRA	62.98 Punkte
7.	Wasmeier M.	FRG	65.44 Punkte
8.	Bires A.	TCH	68.50 Punkte
9.	Jagge F.C.	NOR	95.21 Punkte
10.	Henning N.	SWE	96.25 Punkte

RIESENSLALOM DAMEN

1.	SCHNEIDER V.	SUI	02:06,49
2.	KINSHOFER GUETLEIN C.	FRG	02:07,42
3.	WALLISER M.	SUI	02:07,72
4.	Svet M.	YUG	02:07,80
5.	Meier C.	FRG	02:07,88
6.	Maier U.	AUT	02:08,10
7.	Wachter A.	AUT	02:08,38
8.	Quittet C.	FRA	02:08,84
9.	Merle C.	FRA	02:09,36
10.	Guignard C.	FRA	02:09,46

LICENSED TO WIN

INGEMAR STENMARK

DG 300 ELAN

ELAN 43

ELAN

ONE OF THE LEADING SPORTING GOODS PRODUCER WORLDWIDE

LANGLAUF – DAMEN
10 KM (KLASSISCH)

1.	VENTSENE V.	URS	30:08,3
2.	SMETANINA R.	URS	30:17,0
3.	MATIKAINEN M.	FIN	30:20,5
4.	Nagueikina S.	URS	30:26,5
5.	Tikhonova T.	URS	30:38,9
6.	Nybraten I.H.	NOR	30:51,7
7.	Maatta P.	FIN	30:52,4
8.	Westin M.H.	SWE	30:53,5
9.	Kirvesniemi M.L.	FIN	30:57,0
10.	Opitz S.	GDR	31:14,3

LANGLAUF – DAMEN
20 KM (SKATING)

1.	TIKHONOVA T.	URS	55:35,6
2.	REZTSOVA A.	URS	56:12,8
3.	SMETANINA R.	URS	57:22,1
4.	Gilli-Bruegger C.	SUI	57:37,4
5.	Opitz S.	GDR	57:54,3
6.	Di Centa M.	ITA	57:55,2
7.	Moring K.	GDR	58:17,2
8.	Dahlmo M.	NOR	58:31,1
9.	Fritzon A. L.	SWE	58:37,4
10.	Westin M. H.	SWE	58:39,4

LANGLAUF – DAMEN
5 KM (KLASSISCH)

1.	MATIKAINEN M.	FIN	15:04,0
2.	TIKHONOVA T.	URS	15:05,3
3.	VENTSENE V.	URS	15:11,1
4.	Jahren A.	NOR	15:12,6
5.	Kirvesniemi M.L.	FIN	15:16,7
6.	Nybraten I.H.	NOR	15:17,7
7.	Westin M.H.	SWE	15:28,9
8.	Nagueikina S.	URS	15:29,9
9.	Dahlmo M.	NOR	15:30,4
10.	Smetanina R.	URS	15:35,9

LANGLAUF – DAMEN
4 x 5 KM
STAFFEL (SKATING)

1.	NAGUEIKINA S. GAVRILIUK N. TIKHONOVA T. REZTSOVA A.	URS	59:51,1
2.	DYBENDAHL T. WOLD M. JAHREN A. DAHLMO M.	NOR	1:01:33,0
3.	MAATTA P. KIRVESNIEMI M.L. MATIKAINEN M. SAVOLAINEN J.	FIN	1:01:53,8
4.	Thomas K. Parpan S. Kratzer E. Gilli-Bruegger C.	SUI	1:01:59,4
5.	Moring K. Opitz S. Braun S. Greiner Petter S.	GDR	1:02:19,9
6.	Frost L. Fritzon A.L. Lamberg-Skog K. Westin M.H.	SWE	1:02:24,9
7.	Balazova L. Klimkova V. Radlova I. Havrancikova A.	TCH	1:03:37,1
8.	Denhartog D. Thompson L. Fiddler N. Krichko L.	USA	1:04:08,8
9.	Schmidt Foster A. Gibson C. Sasseville L. Masson M.A.	CAN	1:04:22,6
10.	Angerer K. Dal Sasso G. Desderi E. Belmondo S.	ITA	1:04:23,6

LANGLAUF – HERREN
15 KM (KLASSISCH)

1.	DEVIATIAROV M.	URS	41:18,9
2.	MIKKELSPLASS P.	NOR	41:33,4
3.	SMIRNOV V.	URS	41:48,5
4.	Braa O.	NOR	42:17,3
5.	Bellmann U.	GDR	42:17,8
6.	De Zolt M.	ITA	42:31,2
7.	Ulvang V.	NOR	42:31,5
8.	Kirvesniemi H.	FIN	42:42,8
9.	Albarello M.	ITA	42:48,6
10.	Vanzetta G.	ITA	42:49,6

LANGLAUF – HERREN
4 x 10 KM
STAFFEL (SKATING)

1.	OTTOSSON J. WASSBERG T. SVAN G. MOGREN T.	SWE	1:43:58,6
2.	SMIRNOV V. SAKHNOV V. DEVIATIAROV M. PROKURUROV A.	URS	1:44:11,3
3.	NYC R. KORUNKA V. BENC P. SVANDA L.	TCH	1:45:22,7
4.	Gruenenfelder A. Capol J. Guidon G. Wigger J.	SUI	1:46:16,3
5.	Barco S. Walder A. Vanzetta G. De Zolt M.	ITA	1:46:16,7
6.	Mikkelsplass P. Braa O. Ulvang V. Langli T.	NOR	1:46:48,7
7.	Kuss W. Fischer G. Behle J. Fritzenwenger H.	FRG	1:48:05,0
8.	Laukkanen J. Kirvesniemi H. Rasanen J. Ristanen K.	FIN	1:48:24,0
9.	Bilodeau Y. Pilcher A. Harvey P. Lawrence D.	CAN	1:48:59,7
10.	Blatter A. Schwarz A. Standmann J. Stadlober A.	AUT	1:49:14,5

LANGLAUF – HERREN
30 KM (KLASSISCH)

1.	PROKOUROROV A.	URS	1:24:26,3
2.	SMIRNOV V.	URS	1:24:35,1
3.	ULVANG V.	NOR	1:25:11,6
4.	Deviatiarov M.	URS	1:25:31,3
5.	Vanzetta G.	ITA	1:25:37,2
6.	Mikkelsplass P.	NOR	1:25:44,6
7.	Polvara G.	ITA	1:26:02,5
8.	Albarello M.	ITA	1:26:09,1
9.	Kirvesniemi H.	FIN	1:26:59,6
10.	Svan G.	SWE	1:27:30,8

LANGLAUF – HERREN
50 KM (SKATING)

1.	SVAN G.	SWE	2:04:30,9
2.	DE ZOLT M.	ITA	2:05:36,4
3.	GRUENENFELDER A.	SUI	2:06:01,9
4.	Ulvang V.	NOR	2:06:32,3
5.	Bauroth H.	GDR	2:07:02,4
6.	Ottoson J.	SWE	2:07:34,6
7.	Ristanen K.	FIN	2:08:08,1
8.	Bellmann U.	GDR	2:08:18,6
9.	Mikkelsplass P.	NOR	2:08:20,0
10.	Polvara G.	ITA	2:08:40,3

CALGARY

SEOUL

|||| **The World's Top Amateur Athletes**

|||| **The World's Top Sports Photographers**

|||| **Kodak Professional Film. Choice of the World's Top Photographers**

Kodak
Official Professional Film of the 1988 Olympic Games

© Eastman Kodak Company, 1987

NORDISCHE KOMBINATION EINZELWETTKAMPF

		SPRÜNGE	ZEIT 15 KM
1. KEMPF H.	SUI	217.9	0:38:16,8
2. SULZENBACHER K.	AUT	228.5	0:39:46,5
3. LEVANDI A.	URS	216.6	0:39:12,4
4. Prenzel U.	GDR	207.6	0:38:18,8
5. Schaad A.	SUI	207.2	0:38:18,0
6. Lokken T.	NOR	199.4	0:37:39,0
7. Kopal M.	TCH	208.7	0:38:48,0
8. Frank M.	GDR	209.4	0:39:08,2
9. Prenzel T.	GDR	215.5	0:39:51,4
10. Savine V.	URS	203.7	0:38:37,5

NORDISCHE KOMBINATION MANNSCHAFTSWETTKAMPF

		70m	3 x 10km
1. POHL H. SCHWARZ H. MUELLER T.	FRG	629.8	1:20:46,0
2. SCHAAD A. KEMPF H. GLANZMANN F.	SUI	571.4	1:15:57,4
3. CSAR G. ASCHENWALD H. SULZENBACHER K.	AUT	626.6	1:21:00,9
4. Bogseth H. Bredesen T. Lokken T.	NOR	596.6	1:18:48,4
5. Prenzel T. Frank M. Prenzel U.	GDR	571.6	1:18:13,5
6. Patras L. Klimko J. Kopal M.	TCH	573.5	1:19:02,1
7. Saapunki P. Parviainen J. Ylipulli J.	FIN	561.3	1:19:56,3
8. Bohard J. Girard X. Guy F.	FRA	541.0	1:19:45,4
9. Miyazaki H. Abe M. Kodama K.	JPN	515.3	1:19:54,3
10. Holland J. Wilson T. Johnstone H.	USA	516.9	1:23:42,9

SKISPRINGEN (70-M-SCHANZE)

1. NYKANEN M.	FIN	229.1 Punkte
2. PLOC P.	TCH	212.1 Punkte
3. MALEC J.	TCH	211.8 Punkte
4. Tepes M.	YUG	211.2 Punkte
5. Parma J.	TCH	203.8 Punkte
6. Kuttin H.	AUT	199.7 Punkte
7. Puikkonen J.	FIN	199.1 Punkte
8. Tallberg S.	SWE	198.1 Punkte
9. Weissflog J.	GDR	196.6 Punkte
10. Fijas P.	POL	195.4 Punkte

SKISPRINGEN (90-M-SCHANZE) MANNSCHAFT

1. NIKKOLA A.P. NYKANEN M. YLIPULLI T. PUIKKONEN J.	FIN	634.4 Punkte
2. ULAGA P. ZUPAN M. DEBELAK M. TEPES M.	YUG	625.5 Punkte
3. EIDHAMMER O. KJORUM J. FIDJESTOL O. JOHNSEN E.	NOR	596.1 Punkte
4. Dluhos L. Malec J. Ploc P. Parma J.	TCH	586.8 Punkte
5. Vettori E. Kuttin H. Stranner G. Felder A.	AUT	577.6 Punkte
6. Bauer A. Rohwein P. Klauser T. Heumann J.	FRG	559.0 Punkte
7. Tallberg P.I. Daun A. Boklov J. Tallberg S.	SWE	539.7 Punkte
8. Balanche G. Lehmann C. Piazzini F. Hauswirth C.	SUI	516.1 Punkte
9. Bulau H. Collins S. Gillman T. Richards R.	CAN	497.2 Punkte
10. Langlois T. Konopacke M. Mc Grane D. Holland M.	USA	496.8 Punkte

SKISPRINGEN (90-M-SCHANZE)

1. NYKANEN M.	FIN	224.0 Punkte
2. JOHNSEN E.	NOR	207.9 Punkte
3. DEBELAK M.	YUG	207.7 Punkte
4. Klauser T.	FRG	205.1 Punkte
5. Ploc P.	TCH	204.1 Punkte
6. Felder A.	AUT	203.9 Punkte
7. Bulau H.	CAN	197.6 Punkte
8. Tallberg S.	SWE	196.6 Punkte
9. Zupan M.	YUG	195.8 Punkte
10. Tepes M.	YUG	194.8 Punkte

BIATHLON – 4 x 7.5 KM STAFFEL

1. VASSILIEV D. TCHEPIKOV S. POPOV A. MEDVEDTSEV V.	URS	1:22:30,0
2. REITER E. HOECK S. ANGERER P. FISCHER F.	FRG	1:23:37,4
3. KIEM W. TASCHLER G. PASSLER J. ZINGERLE A.	ITA	1:23:51,5
4. Lengauer Stockner A. Hofstaetter B. Schuler F. Eder A.	AUT	1:24:17,6
5. Wirth J. Roetsch F. P. Jacob M. Sehmisch A.	GDR	1:24:28,4
6. Einang G. Loberg J. Fenne G. Kvalfoss E.	NOR	1:25:57,0
7. Sjoden P. Lofgren M. Westling R. Andersson L.	SWE	1:29:11,9
8. Bojilov V. Velitchkov V. Videnov K. Vodenitcharov H.	BUL	1:29:24,9
9. Nelson L. Schreiner C. Binning D. Thompson J.	USA	1:29:33,0
10. Claudon E. Giachino J.P. Flandin H. Mougel F.	FRA	1:30:22,8

BIATHLON 10 KM

1. ROETSCH F.-P.	GDR	25:08,1
2. MEDVEDTSEV V.	URS	25:23,7
3. TCHEPIKOV S.	URS	25:29,4
4. Anders B.	GDR	25:51,8
5. Sehmisch A.	GDR	25:52,3
6. Luck F.	GDR	25:57,6
7. Piipponen T.	FIN	26:02,2
8. Passler J.	ITA	26:07,7
9. Vassiliev D.	URS	26:09,7
10. Angerer P.	FRG	26:13,2

BIATHLON 20 KM

1. ROETSCH F.-P.	GDR	56:33,30
2. MEDVEDTSEV V.	URS	56:54,60
3. PASSLER J.	ITA	57:10,10
4. Tchepikov S.	URS	57:17,50
5. Kashkarov Y.	URS	57:43,10
6. Kvalfoss E.	NOR	57:54,60
7. Sehmisch A.	GDR	58:11,40
8. Piipponen T.	FIN	58:18,30
9. Jacob M.	GDR	58:20,10
10. Angerer P.	FRG	58:46,70

PHILIPS WORLD CHAMPION IN SPORTS LIGHTING

Official Sponsor of the 1988
United States Olympic Team
USA

Official Sponsor of the 1988
European Soccer Championships
UEFA 88

Official Sponsor of the 1990
World Cup Soccer
ITALIA '90

Philips Lighting

PHILIPS

EISKUNSTLAUF PAARLAUF

1. GORDEEVA E./GRINKOV S. URS 1.4 Punkte
2. VALOVA E./VASSILIEV O. URS 2.8 Punkte
3. WATSON J./OPPEGARD P. USA 4.2 Punkte
4. Selezneva L./Makarov O. URS 6.4 Punkte
5. Wachsman G./Waggoner T. USA 6.6 Punkte
6. Benning D./Johnston L. CAN 9.0 Punkte
7. Schwarz P./Koenig A. GDR 10.4 Punkte
8. Hough C./Ladret D. CAN 11.2 Punkte
9. Brasseur I./Eisler L. CAN 11.8 Punkte
10. Seybold N./Seybold W. USA 14.0 Punkte

EISKUNSTLAUF, HERREN

1. BOITANO B. USA 3.0 Punkte
2. ORSER B. CAN 4.2 Punkte
3. PETRENKO V. USR 7.8 Punkte
4. Fadeev A. URS 8.2 Punkte
5. Filipowski G. POL 10.8 Punkte
6. Kotin V. URS 13.4 Punkte
7. Bowman C. USA 13.8 Punkte
8. Browning K. CAN 15.4 Punkte
9. Fischer H. FRG 16.8 Punkte
10. Wylie P. USA 19.4 Punkte

EISKUNSTLAUF, DAMEN

1. WITT K. GDR 4.2 Punkte
2. MANLEY E. CAN 4.6 Punkte
3. THOMAS D. USA 6.0 Punkte
4. Trenary J. USA 10.4 Punkte
5. Itto M. JPN 10.6 Punkte
6. Leistner C. FRG 13.2 Punkte
7. Ivanova K. URS 13.6 Punkte
8. Kondracheva A. URS 15.2 Punkte
9. Koch S. GDR 19.6 Punkte
10. Kielmann M. FRG 21.6 Punkte

EISSCHNELLAUF HERREN 500 M

1. MEY J. GDR 00:36,45 WR
2. YKEMA J. HOL 00:36,76 OR
3. KUROIWA A. JPN 00:36,77 OR
4. Fokitchev S. URS 00:36,82 OR
5. Bae K. KOR 00:36,90 OR
6. Gelezovsky I. URS 00:36,94 OR
7. Thibault G. CAN 00:36,96 OR
8. Thometz N. USA 00:37,16 OR
9. Kanehama Y. JPN 00:37,25 OR
10. Ronning F. NOR 00:37,31 OR

EISKUNSTLAUF EISTANZ

1. BESTEMIANOVA N./BOUKINE A. URS 2.0 Punkte
2. KLIMOVA M./PONOMARENKO S. URS 4.0 Punkte
3. WILSON T./MCCALL R. CAN 6.0 Punkte
4. Annenko N./Sretenski G. URS 8.0 Punkte
5. Beck K./Beck C. AUT 10.0 Punkte
6. Semanick S./Gregory S. USA 12.0 Punkte
7. Engi K./Toth A. HUN 14.0 Punkte
8. Duchesnay I./Duchesnay P. FRA 16.0 Punkte
9. Becherer A./Becherer F. FRG 18.0 Punkte
10. Trovati L./Pelizzola R. ITA 20.0 Punkte

EISSCHNELLAUF HERREN 5000 M

1. GUSTAFSON T. SWE 06:44,63 WR
2. VISSER L. HOL 06:44,98 WR
3. KEMKERS G. HOL 06:45,92 WR
4. Flaim E. USA 06:47,09 OR
5. Hadschieff M. AUT 06:48,72 OR
6. Silk D. USA 06:49,95 OR
7. Karlstad G. NOR 06:50,88 OR
8. Freier R. GDR 06:51,42 OR
9. Greenwald M. USA 06:51,98 OR
10. Kah D. AUS 06:52,14 OR

EISSCHNELLAUF HERREN 1000 M

1. GOULIAEV N.	URS	01:13,03	OR
2. MEY J.	GDR	01:13,11	OR
3. GELEZOVSKY I.	URS	01:13,19	OR
4. Flaim E.	USA	01:13,53	OR
5. Boucher G.	CAN	01:13,77	OR
6. Hadschieff M.	AUT	01:13,84	OR
7. Thibault G.	CAN	01:14,16	OR
8. Adeberg P.	GDR	01:14,19	OR
9. Kanehama Y.	JPN	01:14,36	OR
9. Bae K.	KOR	01:14,36	OR

EISSCHNELLAUF HERREN 10000 M

1. GUSTAFSON T.	SWE	13:48,20	WR
2. HADSCHIEFF M.	AUT	13:56,11	WR
3. VISSER L.	HOL	14:00,55	WR
4. Flaim E.	USA	14:05,57	OR
5. Kemkers G.	HOL	14:08,34	OR
6. Kliouev I.	URS	14:09,68	OR
7. Sighel R.	ITA	14:13,60	OR
8. Freier R.	GDR	14:19,16	OR
9. Berezine S.	URS	14:20,48	OR
10. Lamarche B.	CAN	14:21,39	OR

EISSCHNELLAUF 1500 M

1. VAN GENNIP Y.	HOL	2:00,68	OR
2. KANIA K.	GDR	2:00,82	OR
3. EHRIG A.	GDR	2:01,49	OR
4. Blair B.	USA	2:04,02	NR
5. Lapouga E.	URS	2:04,24	NR
6. Hashimoto S.	JPN	2:04,38	NR
7. Kleemann G.	GDR	2:04,68	
7. Rys-Ferens E.	POL	2:04,68	NR
9. Song H.	PRK	2:05,25	NR
10. Bader L.	USA	2:05,53	NR

EISSCHNELLAUF 5000 M

1. VAN GENNIP Y.	HOL	07:14,13	WR
2. EHRIG A.	GDR	07:17,12	WR
3. ZANGE G.	GDR	07:21,61	WR
4. Boiko S.	URS	07:28,39	NR
5. Lapouga E.	URS	07:28,65	NR
6. Hashimoto S.	JPN	07:34,43	NR
7. Kleemann G.	GDR	07:34,59	NR
8. Krohn J.	SWE	07:36,56	NR
9. Han C.	PRK	07:36,81	NR
10. Goldman J.	USA	07:36,98	NR

EISSCHNELLAUF HERREN 1500 M

1. HOFFMANN A.	GDR	01:52,06	WR
2. FLAIM E.	USA	01:52,12	WR
3. HADSCHIEFF M.	AUT	01:52,31	WR
4. Gelezovsky I.	URS	01:52,63	WR
5. Aoyanagi T.	JPN	01:52,85	OR
6. Klimov A.	URS	01:52,97	OR
7. Gouliaev N.	URS	01:53,04	OR
8. Adeberg P.	GDR	01:53,57	OR
9. Boucher G.	CAN	01:54,18	OR
10. Pichette J.	CAN	01:54,63	OR

EISSCHNELLAUF DAMEN – 500 M

1. BLAIR B.	USA	00:39,10	WR
2. ROTHENBURGER C.	GDR	00:39,12	WR
3. KANIA K.	GDR	00:39,24	WR
4. Stahnke A.	GDR	00:39,68	OR
5. Hashimoto S.	JPN	00:39,74	OR
6. Rhead S.	CAN	00:40,36	OR
7. Holzner-Gawenus	FRG	00:40,53	OR
8. Fusano K.	JPN	00:40,61	OR
9. Chive N.	URS	00:40,66	OR
10. Ehrig A.	GDR	00:40,71	OR

EISSCHNELLAUF 3000 M

1. VAN GENNIP Y.	HOL	04:11,94	WR
2. EHRIG A.	GDR	04:12,09	WR
3. ZANGE G.	GDR	04:16,92	OR
4. Kania K.	GDR	04:18,80	OR
5. Rys-Ferens E.	POL	04:22,59	OR
6. Boiko S.	URS	04:22,90	OR
7. Hashimoto S.	JPN	04:23,29	OR
7. Lapouga E.	URS	04:23,29	OR
9. Toumannova E.	URS	04:24,07	OR
10. Krohn J.	SWE	04:25,06	NR

EISSCHNELLAUF DAMEN – 1000 M

1. ROTHENBURGER C.	GDR	01:17,65	WR
2. KANIA K.	GDR	01:17,70	WR
3. BLAIR B.	USA	01:18,31	OR
4. Ehrig A.	GDR	01:19,32	OR
5. Hashimoto S.	JPN	01:19,75	OR
6. Stahnke A.	GDR	01:20,05	OR
7. Bader L.	USA	01:21,09	OR
8. Class K.	USA	01:21,10	OR
9. Grenier N.	CAN	01:21,15	OR
10. Rys-Ferens E.	POL	01:21,44	OR

EISHOCKEY

	GP	W	T	L	GF-GA	PTS
1. URS	5	4	0	1	25-07	8
2. FIN	5	3	1	1	18-10	7
3. SWE	5	2	2	1	15-16	6
4. CAN	5	2	1	2	17-14	5
5. FRG	5	1	0	4	08-26	2
5. TCH	5	1	0	4	12-22	2

VIERERBOB

1. FASSER E. MEIER K. FAESSLER M. STOCKER W.	SUI-I	3:47,51
2. HOPPE W. SCHAUERHAMMER D. MUSIOL B. VOGE I.	GDR-I	3:47,58
3. KIPOURS I. OSSIS G. TONE I. KOZLOV V.	URS II	3:48,26
4. Rushlaw B. Hoye H. Wasko M. White W.	USA I	3:48,28
5. Poikans M. Kliavinch O. Berzoups I. Iaoudzems I.	URS I	3:48,35
6. Kienast P. Siegl F. Mark C. Teigl K.	AUT I	3:48,65
7. Appelt I. Muigg J. Redl G. Winkler H.	AUT II	3:48,95
8. Richter D. Ferl B. Jahn L. Szelig A.	GDR II	3:49,06
9. Hiltebrand H. Fehlmann U. Fassbind Kiser A.	SUI II	3:49,25
10. Wolf A. Gesuito P. Beikircher G. Ticci S.	ITA I	3:49,46

ZWEIERBOB

1. KIPOURS I. KOZLOV V.	URS-I	3:53,48
2. HOPPE W. MUSIOL B.	GDR-I	3:54,19
3. LEHMANN B. HOYER M.	GDR-II	3:54,64
4. Weder G. Acklin D.	SUI-II	3:56,06
5. Appelt I. Winkler H.	AUT-I	3:56,49
6. Hiltebrand H. Kiser A.	SUI-I	3:56,52
7. Fischer A. Langen C.	FRG-I	3:56,62
8. Kienast P. Mark C.	AUT-II	3:56,91
9. Ekmanis Z. Trops A.	URS-II	3:56,92
10. Haydenluck G. Guss L.	CAN-I	3:56,97

SCHLITTELN ZWEISITZER HERREN

1. HOFFMANN J. PIETZSCH J.	GDR	1:31,940
2. KRAUSSE S. BEHRENDT J.	GDR	1:32,039
3. SCHWAB T. STAUDINGER W.	FRG	1:32,274
4. Ilsanker S. Hackl G.	FRG	1:32,298
5. Fluckinger G. Manzenreiter R.	AUT	1:32,364
6. Melnik V. Alexeev D.	URS	1:32,459
7. Brugger K. Huber W.	ITA	1:32,553
7. Belooussov E. Beliakov A.	URS	1:32,553
9. Krammerer B. Brunner W.	ITA	1:33,171
10. Gasper R. Benoit A.	CAN	1:33,306

SCHLITTELN EINSITZER DAMEN

1. WALTER S.	GDR	3:03,973
2. OBERHOFFNER U.	GDR	3:04,105
3. SCHMIDT C.	GDR	3:04,181
4. Bilgeri V.	FRG	3:05,670
5. Antipova I.	URS	3:05,787
6. Warner B.	USA	3:06,056
7. Doyon M.C.	CAN	3:06,211
8. Danilina N.	URS	3:06,364
9. Myler C.	USA	3:06,835
10. Koussakina I.	URS	3:07,043

SCHLITTELN EINSITZER HERREN

1. MUELLER J.	GDR	3:05,548
2. HACKL G.	FRG	3:05,916
3. KHARTCHENKO I.	URS	3:06,274
4. Jacob T.	GDR	3:06,358
5. Walter M.	GDR	3:06,933
6. Daniline S.	URS	3:07,098
7. Schettel J.	FRG	3:07,371
8. Raffl H.	ITA	3:07,525
9. Mayregger O.	AUT	3:07,619
10. Hildgartner P.	ITA	3:07,696

206

See you in Abbotsford in '92!